KB148603

잘 살고 싶지만
갓생은 어려운 너에게

잘 살고 싶지만
갓생은 어려운 너에게

김유리 지음

사원에서 팀장까지 직장생활 12년 차
평범하지만 열정적으로 갓생을 사는 회계팀장의 일상 노하우

출판 더로드
The Road Books

당신은 행복한가요?

언젠가부터 갓생이라는 단어가 유행을 하기 시작했습니다.(과거에 욜로라는 단어가 유행했던 것처럼 스쳐 가는 하나의 트렌드겠지만요.) 이 단어가 유행하면서 많은 사람들은 갓생을 살기 위해 노력합니다. 그럼, 대체 갓생은 정확하게 무슨 뜻일까요?

"너는 정말 열심히 산다. 갓생을 제대로 사는구나!" 저는 이런 말을 자주 듣습니다. 우리는 살면서 무엇을 추구하기에 저에게 열심히 산다고 표현하는 걸까요? 유행처럼 번지는 이 단어들은 결국 하나의 목적을 갖고 있습니다. 바로 '잘 살고 싶은 마음'이에요. 누구나 다 잘 살고 싶어 합니다. 저는 '잘 사는 것'에서 더 깊은 의미를 생각해 봤습니다. 그리고 그 정답을 행복에서 찾았습니다. 모든 사람은 행복한 삶을 살기 원하는 거지요. 이 책은 많은 사람들이 일상에서 쏠쏠한 즐거움을 찾아서 행복하게 살길 바라는 마음에서 시작되었습니다.

1장에서는 평범한 일상이야기를 담았습니다. '내 일상은 이랬지!'라고 떠올릴 수 있는 보통의 이야기를 다룸으로써 공감대를 형성하고자 합니다. 2장에서는 '이런 이유로 갓생을 사는 데 실패했구나.'라는 생각의 전환을 통해서 다르게 생각해 보면 나도 잘살 수 있겠다는 방향성을 제시합니다. 3장에서는 직장에서의 삶도 내 일상의 일부분이기에, 12년 차 직장생활 이야기를 다뤄봤습니다. 여러 조언을 통해 여러분의 직장생활도 원하는 방향으로 나아갈 수 있길 바랍니다. 4장은 자연스럽게 내 주변 인간관계에 대해서 떠올릴 수 있는 기회가 될 것입니다. 마지막으로 5장은 평범한 일상 속에서 행복을 놓치지 않고 꽉 움켜쥐는 나만의 습관, 루틴을 찾는 방법을 함께 생각해 보려고 합니다.

우리는 종종 행복을 재빠르게 찾으려고 노력하지만 정작 눈앞에 있는 것들을 놓치기도 해요. 이 책은 내면의 목소리를 듣고 일상에서 여러분을 행복하게 할 수 있는 여러 방법을 찾을 수 있도록 안내합니다. 더 나은 삶을 살기 위해 필요한 것이 외부적인 성취나 소유물이 아니라 내면의 변화와 성장임을 우리는 이미 알고 있으니까요.

「아침에 눈을 뜨는 순간부터 잠들 때까지 매 순간이 행복한 사람 김유리입니다.」

제가 자기소개에서 늘 사용하는 말입니다. 10년 전 취업을 한 지 얼마 안 된 사회 초년생 시절에 책 쓰기 강의를 듣기 위해 매주 토요일에 종로에 갔던 기억이 있습니다. 직장을 다니면서 꿀 같은 주말에 뭔가를 배우러 다닌다는 건 보통 다짐으로는 힘든 일입니다. 하지만 작가가 될 기회처럼 느껴진 글쓰기 수업을 열심히도 다녔습니다. 10년 전 그때 제가 쓰고 싶었던 주제 역시 행복이었습니다. 저는 매일을 행복하게 보내고 있는 사람이라고 자신합니다. 그래서 막연히 다른 사람들도 저처럼 행복하게 살 수 있도록 글을 쓰고 싶었어요. 그러나 그러기엔 제가 경험한 것들도, 가진 지식도 너무 적었습니다. 그렇게 시간이 흘렀고, 10년이라는 시간은 저의 삶 자체를 책의 소재로 만들기에 충분한 시간이 됐습니다. 그 사이에도 일상은 여전했고 제 행복은 안녕했거든요.

저는 대학교를 졸업하고 취업을 해서 평범하게 직장을 다니는 회사원입니다. 남들과 다를 것 없는 평범함을 배경으로 가지고 있지만 그것을 특별하게 만드는 한 가지가 있습니다. 바로 제 눈앞에 놓인 행복을 절대로 놓치지 않고 꽉 잡는 열정이 있다는 점입니다. 저와 함께 이 책을 통해 일상에서 행복을 찾으며 갓생을 살아갈 방법을 찾는 여정을 시작해 보는 건 어떨까요? 갓생을 살기 위한 방법을 찾으며 함께 여행하는 동안 우리는 더 나은 삶과 그 속에서 만족을 찾는데 서로에게 좋은 영감과 지지를 주고받을 수 있을 것입니다. 그로 인해 삶이 더욱 의미 있게 되겠지요.

프로 갓생러의 삶이 궁금하신가요? 잘 따라와 주세요. 여러분을 갓생의 세계로 안내하겠습니다.

-2024년 김유리-

contents

제 1 장

퇴근 후 갓생에
접속할 시간

1

갓생, 로그인부터
힘이 든다

"팀장님은 제가 아는 사람 중에 제일 바쁜 것 같아요. 정말 프로
갓생러예요."

　최근 주변에서 갓생이라는 단어를 많이 사용한다. 무슨 뜻인지
궁금해서 찾아봤던 기억이 있다. '갓(God 신)'과 '인생(人生)'을 합
친 신조어로 하루하루 열심히 살아가며 타의 모범이 되는 삶을 뜻
하는 단어였다. 뜻을 찾아보고 팀원들이 왜 나에게 이 말을 했는
지 알 것 같아서 웃음이 났다. 그들의 눈에는 내가 하루하루 매일
바쁘고, 할 일이 차고 넘치는 사람으로 보였음이 분명하다. 유튜
브에서 갓생을 검색하면 수백 개의 영상이 뜬다. 그 영상들의 조
회수는 수십만을 훌쩍 뛰어넘는다. 어떤 사람은 갓생을 사는 방법

이 궁금해서 봤을 것이다. 또 실현하지는 못하지만, 갓생에 대한 로망으로 검색했을 수도 있다. 수십만 회가 넘는 조회수는 그 관심도가 얼마나 높은지 직관적으로 보여주는 지표다.

오후 4시 50분. 꼼지락꼼지락. 오늘도 내 엉덩이는 들썩인다. 하루 중에 몸이 제일 꿈틀거리는 시간이다. 퇴근 시간 10분 전이 되면 몸도 마음도 들썩들썩한다. 하지만 5시 정각이 됐을 때 자리에서 바로 일어나지 못하는 걸 보면 나도 어쩔 수 없는 K-직장인이다. 출근을 늦게 했을 때는 지각이라는 단어를 쓰지만 퇴근을 늦게 했을 때 쓸 수 있는 단어는 없다. 야근이라는 단어가 있긴 하지만 30분 정도 늦게 퇴근했을 때 야근이라고 말하기에는 뭔가 조금 어색함이 있다. 정시 출근은 당연한 건데 정시 퇴근은 왜 눈치가 보이는 걸까? 사람들이 퇴근하는 것에 눈치를 보는 것은 직장생활을 10년 넘게 한 지금도 가장 이상한 점이다. 희한하게 정각에 퇴근하는 건 눈치가 보인다.

사실 나를 포함한 K-직장인은 현생을 살기도 바쁘다. 잠자는 시간을 빼고 하루 중 가장 오랜 시간을 머무는 회사에서의 생활은 녹록지 않다. 업무는 매일 쳇바퀴 돌듯 반복된다. 뭐 그렇게 요구하는 것이 많은지, 사람들은 나를 정신없이 몰아붙인다. 거기에 예기치 못한 프로젝트라도 맡게 되면 그냥 그렇게 근무시간이 다 흘러가 버린다. 출퇴근만 해도 에너지가 전부 소진된다. 하루는 눈 깜짝할 사이에 지나간다. 대체 갓생을 사는 사람들은 어떻게 하루를 보내는지 상상조차 힘들다. 정시에 퇴근하는 것조차 어려운데 갓생이라는 건 대체 어떻게 사는 거지.

어린 시절에는 방학 때 거실에 드러누워 늦잠을 잤다. 한참 자고 있을 때 아빠가 출근 전에 이마에 입맞춤을 해주던 모습이 생각난다. 그 당시에는 아빠의 뽀뽀에서 애정을 느꼈다. 직장인이 된 지금은 그때 아빠가 얼마나 회사에 가기 싫었을지 그 마음에 공감이 간다. 요즘 직장인은 1년을 다니는 것도 버틴다고 표현한다. 그러나 과거에는 20년, 30년 정년을 채우고 퇴직하시는 분들이 대부분이었다. 그들은 출근 시간보다 1시간 일찍 회사에 도착하고, 퇴근 시간이 한참 지난 후에 회사를 나선 분들이다. 그렇게 늦게 퇴근하던 그때의 우리 아빠는 직장에서의 삶 그 자체가 갓생이었겠지. 그러나 지금의 나는 다르다. 회사에 내 인생을 갈아 넣어 일하는 것을 갓생이라고 표현하고 싶지는 않다.

갓생이라는 단어는 코로나 19 이후에 본격적으로 쓰이기 시작했다. 평범하게 살아온 일상에서 스스로 집중할 수 있는 시간이 '강제로' 주어졌다. 코로나19가 아니었다면 타인과 이렇게 오랜 시간 강제적으로 관계가 멈춰질 수 있는 일은 없었을 것이다. 타인과 시간을 함께 보낼 수 없게 되면서 나 자신에게 집중할 수 있는 시간이 늘어났고, 그러면서 자연스럽게 일상에 대해서 되돌아보게 됐다. 당연하다고 생각했던 반복되는 일상에 의미를 부여하고 싶어진 것이다. 그냥 흘려보내던 시간을 좀 더 유의미하게 보내고 싶어졌다. 그 변화된 인식을 빠르게 캐치하고 이것저것 시작했던 사람들이 있다. 어느덧 정신을 차려보니 주변에서 그들을 갓생러라고 부르고 있었다.

직장인의 마음은 직장인만 알 수 있다. 갓생을 사는 게 얼마나 힘든 일인지 누구보다 잘 알고 있기에, 갓생을 사는 사람들에게 대단하다고 박수를 쳐주고 또 그 모습을 동경하는 것이다. 기상 시간을 10분 당기는 것도 절대 쉽지 않은 일이다. 그럼에도 퇴근 후 배터리가 방전된 휴대전화처럼 멈춰 있는 삶을 어떻게라도 바꿔 보고 싶은 마음이 든다면 바로 지금이다.

'갓생에 로그인 할 시간.'

출근 시간에 로그인했다가 퇴근 시간에 로그아웃하는 직장인의 삶이 아니다. 퇴근 시간 후 갓생에 로그인하는 삶을 살아보자. 그저 평범한 직장인이라는 단어로 표현되던 삶이 조금씩 변화됨을 깨닫게 된다. 햇수가 지나갈수록 내가 몇 년도에는 뭘 했었는지 생각하려면 한참의 시간이 든다. 그리고 큰 이벤트 없이 지나간 시간이 꽤 많다는 것을 깨닫는다. 매일 최선을 다해 열심히 잘 살고 있다고 생각했다. 하지만 곱씹어보면 내게 의미 있게 기록된 시간이 언제였는지 기억이 나지 않는다. 갓생으로의 로그인은 그 아쉬움에서 시작한다.

페이스북, 인스타그램, 트위터도 회원가입과 로그인이 문제였다. 일단 회원가입을 해서 로그인을 해보면 SNS 그거 별거 아니었지 않은가. 갓생은 회원가입이 필요 없다. 일단 현생을 살고 있는 것만으로 회원가입은 이미 완료가 됐다. 로그인만 하면 되니 다른 일에 비해 난도가 낮다. 로그인한 후에 이것저것 찾아보면 나와 잘 맞는 것이 분명히 있을 것이다. 내가 하기 힘든 것도 있을 테니, 나와 잘 맞는 갓생을 살아보면 된다. 겁먹지 말라 K-직장인. 나는 자신 있게 말할 수 있다. 상사와 부하직원 그 어딘가에 걸쳐 있는 당신이 직장생활을 잘 해내고 있는 것만으로도 갓생에 접속만 한다면 그것을 아주 잘 해낼 수 있을 거라고.

37살의 나는
꽤 근사할 줄 알았지

파란 하늘 하늘색 풍선은 우리 맘속에 영원할 거야~ 너희들의
그 예쁜 마음을 우리가 항상 기억할 거야. 하나둘셋 안녕하세요.
god입니다.

드라마 〈응답하라 1997〉에서 H.O.T.에 열광하는 여자주인공
이 나온다. 거의 매회에 하얀 풍선을 들고 본인을 승호부인이라
부른다. 방송국에서 아빠한테 뒷덜미를 잡혀가던 모습을 보면서
남 일 같지 않았다. 나는 2000년대 god (요즘 소위 말하는)덕후였다.
학교가 끝나면 버스를 타고 여의도에 있는 방송국에 갔다. '우리
오빠들' 얼굴을 한 번이라도 더 보려고 말이다. 학원을 빼먹고 지
방까지 기차를 타고 내려가는 건 어려운 일도 아니었다. 중학생이

었던 나는 직장인 팬들이 참 부러웠다. 추운 날 길거리에서 오들 오들 떨면서 줄을 기다렸지만, 어른 팬들에겐 따뜻한 자동차가 있었다. KBS 로비에 있는 카페에서 '우리 오빠들'을 기다린 적이 있다. 나는 아끼고 아낀 용돈으로 4천 원짜리 커피를 겨우 한 잔 시켰다. 하지만 어른 팬들은 샌드위치와 이것저것 여유롭게 주문하고 테이블에 앉아 있었다. 어린 내가 생각하기에 부모님, 선생님을 제외하고 가장 멋진 어른의 모습은 저들이었다. 지금 생각하면 기껏해야 20대 초중반쯤 되었을 그 어른 팬들이 그땐 왜 그렇게 커 보였는지 모르겠다. 나도 어른이 돼서 돈을 많이 벌면 그 당시 '우리 오빠들'에게 선물도 더 좋은 걸 사줘야겠다고 생각했다. 지방 공연도 다니면서 더 열정적으로 덕질을 해야겠다고 다짐했다. 그런데 그 시절이 이렇게 흑역사로 남게 될 줄이야. 그렇게 막연히 어른이 된다는 건 하고 싶은 걸 여유롭게 할 수 있게 되는 일이라고 생각했다.

고등학교 1학년 때 첫 담임선생님인 O 선생님은 세계지리 담당이셨다. 선생님은 대학 졸업 후 바로 임용고시에 합격하셨다. 우리 반 학생들은 선생님이 그렇게 맡게 된 첫 제자들이었다. 당시 여름방학 때 O 선생님은 유럽으로 배낭여행을 떠나셨다. 배낭여행 중 반 학생 모두에게 엽서를 써서 보내주셨다. 그리고 우리는 방학 기간 중에 그 엽서를 받게 됐다. 내 것은 선생님이 파리에서 테제베를 탄 후 쓰신 엽서였다. 그 의미 있는 선물을 받고 언젠

가 떠날 유럽여행을 꿈꿨다. 그런 선생님의 모습은 너무나 어른
스러웠다. 내게 세계여행을 꿈꾸게 만들어 주신 O 선생님은 당시
25살이었다.

20살 대학교 신입생 시절 개강총회에서는 복학생 오빠들이 있
었다. 고학번 선배들은 막 군대에서 전역하고 복학한 후배들을 예
비군 냄새가 난다며 놀려댔다. 그리고 우리 신입생들에게는 복학
생 선배들에게 맛있는 밥을 많이 얻어먹으라고 했다. 신입생 때는
지갑을 여는 게 아니라고 조언 비슷한 것들도 해줬다. 그때는 복
학생 오빠들이 얼마나 커 보였는지 모른다. 괜히 행동도 어른스러
워 보였다. 똑같이 술을 먹고 장난을 쳐도 20살 동기들과는 확실
하게 다른 무게감이 있었다. 그런 어른스러운 모습에 호감을 느끼
고 복학생 선배와 신입생이 CC가 되는 경우가 흔했던 것 같다. 하
지만 곱씹어보면 그 복학생 선배들의 나이는 기껏해야 스물셋, 넷
정도 되는 꼬꼬마였다.

내가 커다란 나무처럼 근사한 어른이라고 생각했던 사람들은
모두 기껏해야 20대 중후반이었다. 내 과거 속 기억 어디에도 37
살의 어른은 없었다. 요즘 티비 속 드라마에서 그럴듯한 직업을
가진 사람들의 나이가 나보다 어리거나 비슷하게 설정된다. 그걸
보면서 내가 나이를 적당히 먹었다는 걸 깨닫는다. 37살이면 정
말 멋있는 어른이 되어 있을 줄 알았다. 삶의 여유를 즐기면서 하

고 싶은 것들을 마음껏 하는 삶을 살고 있을 줄 알았다. 직장인들이 목에 메고 있는 사원증이 대단한 커리어를 증명하는 증명서 같았다. 예쁜 옷과 구두를 신은 직장인들 모습을 보면서 나도 언젠가는 저 안에 속하게 될 거라는 부푼 꿈을 꾸었다. 드라마나 영화에서 나오는 '대리님'이라는 단어가 얼마나 멋있는 단어로 들렸는지 모른다. 하지만 현실에 나와 보니 이상과 현실에는 큰 차이가 있었다. 대리님이라는 호칭은 그저 회사를 열심히 다니고 있는 회사원의 또 다른 이름이었을 뿐이다.

37살의 나이는 많은 생각을 하게 만든다. 나는 결혼은 했지만, 아이가 아직 없는데 동창 중에는 벌써 아이가 초등학교에 들어가는 경우도 있다. 또 아직 결혼하지 않은 친구도 있다. 과거에는 어떤 기준에 맞춰 당연하다고 생각했던 것들의 경계가 무너지면서 다양한 삶의 모습들이 사회를 이룬다. 삶에 정답은 없지만 내 나이 정도가 되면 어느 정도의 기준을 두게 된다. 자산규모와 사회적 지위, 회사에서 인정 등 말이다. 나는 지금 내가 세운 그 기준에서 어느 정도 위치에 있는 것일까?

현실의 나는 평범하다. 아침에 일어나서 운동하러 갔다가 늘 같은 시간 마을버스를 타고 회사로 향한다. 3번 출구로 나와서 10분 정도 걸으면 회사에 도착한다. 그렇게 9시간 동안 회사에서 열심히 일을 하고 퇴근한다. 앞서 말했듯 내가 꿈꾸던 삶이 무엇인지 단정적으로 표현하기는 어렵지만 이런 보통의 직장인은 아니었던 것 같다. 나는 내 37살이 꽤 멋있을 줄 알았다. 하지만 단조롭고 또 평범하다. 나 역시 출근과 퇴근, 그리고 업무라는 일상으로 똑같이 살아가고 있다. 이렇게 평범한 보통의 삶을 살 줄 알았다면 과거에도 그냥 적당히 살 걸 그랬다.

3

엄마 아빠의
보호자가 되다

살면서 연락을 받았을 때 무서운 곳이 두 군데가 있다. 첫 번째는 경찰서(보이스피싱을 제외하고는 연락을 받아 본 적은 없지만 어떤 이유에서든 내게 연락이 왔다면 무서울 것 같다.), 두 번째는 병원이다.

회사와 연계된 병원에서 연락이 왔다. 올해 건강검진 대상자라 검진 신청을 했는데 신청 사항이 맞는지 확인하기 위함이었다. 그동안 늘 기본 검진으로만 받았는데 이번에는 추가 비용을 내고 처음으로 종합검진을 받아보기로 했다. 임직원 가족들도 할인된 수가로 검사를 받을 수 있어서 부모님과 함께 등록하기로 마음먹었다. 검진을 예약하고 사전 문진부터 엄마 아빠 이름으로 어떤 검사를 할지 골라야 했다. 정말 보통 일이 아니었다. 특정 범주에서 어떤 검사를 할지 선택하는 순간부터 부모님의 질문폭격이 시작됐다. 경추 MRI가 좋은지, 요추 MRI가 좋은지, 뇌 CT는 필요한 건지 아닌지. 의학 쪽에는 지식이 전무한 내가 졸지에 병원 상담의가 되는 순간이었다. 그렇게 우당탕 문진표를 제출하고 시간이 흘러 건강검진 당일이 됐다. 그리고 센터에서부터 집에 올 때까지 부모님과 함께하면서 이제 내가 엄마 아빠의 보호자가 되었다는 것을 실감했다. 정신없는 건강검진센터에서 번호로 지정된 순서대로 움직여야 하는 걸 설명해 드려야 했다. 엄마 아빠가 선택한 선택 검진에 대한 내용을 꼼꼼하게 확인하는 것도 내 몫이었다. 그리고 약 3주 뒤에 메일로 받은 건강검진표를 해석하는 것도 물론 나의 일이었다. 메일로 날아온 결과지를 읽어보다가 너무 복잡하다는 엄마의 말 한마디에 퇴근하고 바로 엄마 아빠 집으로 달려갔다. 검진 결과에 대해서 하나하나 꼼꼼하게 살펴봤다. 주의할 점과 체크해야 할 점들에 대해서 부모님께 한 번 더 짚어드렸다.

우리 가족은 아빠가 환갑을 맞이했을 때 삿포로로 가족여행을 떠났다. 아빠는 아주 옛날부터 홋카이도에 대한 로망이 있었다. 유럽도 다녀오시고, 다른 먼 곳으로의 여행도 많이 하셨으면서도 홋카이도 여행은 중요할 때 기념으로 가고 싶다고 아껴 놓으셨다. 그런 아빠의 버킷리스트를 완성하기 위한 환갑여행에서 나는 거의 전문 일본여행 가이드가 되었다. 비행시간부터 홋카이도 도청 소재지, 삿포로 외에 다른 도시 이름 등등 호기심 많은 아빠의 지적 욕구를 충족시키기 위해 일본 낯선 땅에 관한 공부를 열심히 했다. 지하철을 타러 갈 때도, 관광버스를 타러 갈 때도 엄마 아빠는 나와 동생을 의지해서 따라다니셨다. 내 기억 속 우리 가족 여행은 나와 동생을 양쪽 어깨에 앉히고 돌아다니던 아빠의 모습이 시작이었다. 하지만 어느덧 우리 가족 여행은 부모님의 손을 꼭 잡고 내가 부모님의 보호자가 되어 이끄는 모습이 되었다.

컴퓨터가 안 되면 금방 뚝딱뚝딱 고쳐주시고, 공부하면서 모르는 걸 물어보면 모든 정답을 다 알고 계셨던 아빠. 먹고 싶은 음식이 있으면 눈 깜짝할 사이에 만들어 주시고, 집에서 뭔가 사고를 치면 늘 수습하고 정리해 주시던 엄마. 어릴 적 우리 부모님은 내게 만능 슈퍼맨이었다. 그래서 나는 힘들거나 어려운 일이 있을 때 그 누구보다 부모님을 먼저 떠올린다.

우리 부모님은 그런 나에게 든든한 버팀목이었다. 그리고 중요한 모든 순간에 함께였다. 그런 부모님이 언제부터인지 모르게 서서히 내게 의지하신다. 인터넷쇼핑을 하면서 광고라고 적혀있는 할인쿠폰이 당신의 정보를 빼가는 클릭이라는 걸 알려드려야 했다. 친구들과 놀러 가기 전에 여행지에 키오스크가 있다며 먼저 영화관에 가서 사용법을 익히겠다고 하실 때는 함께 가야 했다. 인터넷 뱅킹은 믿음이 안 간다고 얘기하시다가 결국에는 사용해야 하는 상황이 됐을 때 그 사용법을 설명하는 것도 내 몫이었다.

밖에서 새로운 용어나 이야기를 듣고 오셨을 때 부연 설명을 해드리는 것도 빼놓을 수 없는 일이다.

친할아버지는 암으로 인한 합병증으로 돌아가셨다. 암과 동시에 치매에 걸리셔서 혼자 계실 수가 없었다. 그래서 돌아가시기 전 2년 동안 우리 집에서 마지막 순간까지 함께하셨다. 엄마 아빠는 할아버지를 모시며 자연스럽게 부모님의 보호자가 되셨다. 옆에서 그 모습을 보며 언젠가 나에게도 이런 순간이 올 수 있겠다는 사실을 깨달았다. 엄마 아빠는 한없이 약해진 할아버지가 돌아가시는 순간까지 곁에서 함께하셨다. 세월이 흘러 나이를 먹게 되면 자연스럽게 언젠가 나도 엄마 아빠의 보호자가 되어 그 곁을 지키게 될 것을 생각했다.

하지만 세상은 빠르게 변하고 있으며, 그 변화의 속도를 따라가기가 힘들다. 내가 부모님의 보호자가 되었다는 사실을 받아들이고 빠르게 변한 세상을 부모님께 차근차근 알려드릴 수 있으면 좋겠다. 하지만 이 모든 변화의 순간은 동시다발적이다. 모든 게 착착 들어맞으면 다행이다. 그러나 나 역시도 변화에 적응하면서 동시에 부모님을 챙겨드려야 하는 순간들에 맞닥뜨리게 된다. 그 타이밍이 조금이라도 어그러지면 여간 당황스러운 것이 아니다. 물리적인 나이와 심적으로 부모님께 의지하는 정도의 간극이 점점 벌어지고 넓어져 간다. 지금도 먹고 싶은 반찬이 있다고 엄마한테

전화해서 반찬을 해달라고 하고, 신혼집에 고쳐야 할 게 생기면 일단 아빠부터 찾는다. 37살이지만 여전히 손이 참 많이 가는 딸이다. 어릴 적 내가 처음 경험하는 모든 순간에는 엄마 아빠가 함께였다. 늘 부모님은 내 곁에 계셨다. 이제 내가 엄마 아빠의 모든 새로운 순간에 함께 있을 차례다.

4

봄꽃에는
시작과 추억이 쌓여 있다

"산수유-매화-목련-개나리-진달래-벚꽃-유채꽃-튤립-철쭉-
겹벚꽃-장미"

봄이 왔음을 알리는 꽃들의 개화 순서다. 업무 특성상 1월부터
3월까지 꼼짝없이 회사에 묶여있다. 하지만 3월이 되면 마음이
자꾸 헬륨가스를 가득 넣은 풍선처럼 위로 봉봉 떠 오른다. 2월과
날짜상으로는 하루밖에 차이가 나지 않는 3월 1일은 여전히 날씨
가 춥다. 하지만 이미 마음가짐은 봄을 맞이하기 위한 준비를 끝
낸다. 생일이 있는 달이라서 유난히 더 설레기도 하는 3월이다.
언젠가 꽃이 피는 걸 기다리는 내 모습에서 꽃놀이 가던 어른들의
모습이 겹쳐 적잖게 당황했었다.

'아 어른들의 프사가 꽃으로 가득했던 건 다 이유가 있구나.'

사실 회사 업무 때문에 새해가 되었음에도 새로운 일을 시작할 수 없는 갓생의 시기이기도 하다. 연초에는 재미도 없고 그저 바쁘기만 하다. 그래서 봄꽃이 피기만을 기다리며 사소함을 특별함으로 극대화했는지도 모르겠다. 반복되는 일상도 싫다. 업무로 인한 압박은 더 싫다. 그러나 새롭게 뭔가를 시작하는 건 부담스럽다. 그렇게 늘 흘러가는 일상이 반복되다가 맞이하는 3월에는 뭐라도 내 일상에 의미 부여를 하고 싶다.

봄꽃 개화 순서를 다 외우지는 못하겠다. 하지만 산수유가 1등인 건 확실하게 안다. 몇 년 전 꽃이 좋아지기 시작했을 때 개나리가 봄꽃 중에 1등으로 피는 줄 알았다. 그래서 개나리가 피기를 손꼽아 기다렸다. 집 근처 안양천을 따라서 저녁 산책을 할 때 노란색을 찾기 위해 눈을 부릅뜨고 여기저기 살펴봤다. 3월 중순의 어느 날, 저 멀리서 보이는 노란색을 보고 "어! 드디어 개나리가 폈어!!!" 라고 소리치며 뛰어갔다. 그런데 가까이 갈수록 뭔가 이상했다. 개나리는 낮게 풀처럼 피는데 이 꽃은 나무에 달려있었다. 개나리와 꽃의 크기도 달랐다.

"에이. 이거 개나리 아니네. 그럼, 이건 대체 뭐야?" 궁금증이 생겼다. 그 자리에서 사진을 찍어 검색해 봤더니 산수유였다. 그렇게 산수유가 봄꽃 중에 성격 급하기로는 1등인 아이인 걸 알게 됐다. (친구들은 날씨가 따뜻해지기도 전에 먼저 피는 성격 급한 꽃이라고 했다. 그 모습이 나와 비슷하다고 산수율이라 불러야겠다고 했다.) 그렇게 관심을 두고 봄꽃을 기다렸더니 그 자체가 재미있었다. 한 꽃이 피었다 지고 나면 기다렸다는 듯이 다음 차례의 꽃이 핀다. 그리고 또 그 꽃이 지고 나면 다른 꽃이 핀다. 산수유가 피기 시작하면 매화나무에 꽃이 핀다. 하얀 목련이 그 뒤를 이어 피고, 목련잎이 떨어질 즈음 도로 옆 개나리들이 고개를 빼꼼 내민다.

우리의 삶에서 특별한 이벤트가 있었다가 일상을 보내고, 또 새로운 일이 생기기도 하고 끝나기도 한다. 마치 이 모습을 닮듯 봄꽃들도 짧은 봄을 맞이하는 시기에 그들의 이벤트를 오픈하고 마무리 짓는다. 봄에 피는 꽃들은 50가지가 넘는다. 피었다가 지는지도 모르게 자신의 삶을 살다 가는 꽃들이 많다는 사실이 왠지 슬프기까지 한 기분이다. 사람들의 관심이 있든 없든 상관없다. 따뜻함을 알리는 소식과 함께 찬란하게 피었다가 그 시기가 지나면 시들고야 만다.

우리가 떠올리는 꽃들은 수많은 꽃 중에서 이름을 알린 것이다. 축구로 따지면 국가대표 경기에 나오는 주전급 선수들과 비슷하다. 그중에 가장 대표급을 꼽자면 단연 벚꽃이 아닐까. 예전엔 이렇게 벚꽃이 많지는 않았던 것 같다. 점점 시간이 지날수록 주변의 모든 곳이 벚꽃의 명소가 되어가는 기현상이 벌어지고 있다. 2012년 3월에 발매된 버스커버스커의 〈벚꽃엔딩〉이 10년이 넘게 봄만 되면 길거리에서 흘러나온다. 여전히 사람들은 그 노래를 좋아한다. 아파트 단지부터 온갖 곳에 벚꽃이 피어 있다. 예쁘긴 참 예쁘다. 매년 피는 벚꽃이 뭐가 그렇게 예쁜지, 핸드폰 사진첩만 봐도 1년 전, 2년 전, 3년 전 벚꽃이 한가득하다.

매년 비슷한 시기에 똑같이 피고 지는 꽃임에도 그 꽃을 보고 사람들은 열광한다. 그 이유는 과거 우리 모습에 추억을 계속해서 얹어가고 있기 때문이다. 우리나라는 3월에 새 학기를 시작한다. 그 특성상 봄꽃이 시작되는 시기에 오래전부터 새로운 시작을 해왔던 경험을 갖게 된다. 그리고 그걸 토대로 저마다의 역사를 쌓아간다.

2006년 봄꽃에는 대학교 신입생의 설렘이 가득 담겨있다. 2008년에는 첫 남자 친구와의 설렘이, 2011년 봄꽃에는 배낭여행을 계획하며 성장을 앞둔 나에 대한 자신감이 담겨있다. 2013년의 그것에는 시험에 낙방하고 좌절함과 동시에 취업을 앞둔 취준생의 불안함이 가득하다. 2020년 벚꽃에는 결혼하는 예비 신부의 수줍음이 배어 있다. 2024년 봄꽃에는 새로운 회사에서 첫 결산을 마무리하는 설렘이 차 있다.

어른들이 꽃놀이를 좋아하는 건 매년 봄이 되어 피어나는 꽃들이 당신들의 과거 추억을 고스란히 담고 있기 때문이다. 그리고 그 꽃들이 과거를 살포시 떠올리게 만들어 주기에, 찬란하게 빛나던 과거의 언젠가로 돌아간다. 그렇게 나도 한 살, 두 살 나이를 먹으면서 꽃 속에 추억이 겹겹이 쌓여가는 것을 느낀다. 꽃이 예뻐 보인다는 사실은 그 꽃보다 그 속에 담겨있는 예전의 내가 예뻐 보이는 거겠지.

5

인생을 바꾼 경험,
설레는 그 단어

터닝 포인트(turning point) : 어떤 상황이 다른 방향이나 상태로 바뀌게 되는 계기 또는 그 지점.

회사에서 새로 입사한 사람들을 대상으로 워크숍을 가게 됐다. 거기서 나를 소개하는 시간이 있었다. 가치관과 비전, 성장 과정 등에 대한 이야기를 준비해서 발표해야 했다. 그 발표안에 인생의 터닝포인트에 대한 소개가 있었다.

간혹 모임 등에 나가서 자기소개를 하는 경우가 있다. 그때 인생의 터닝포인트나 혹은 성격이 변하게 된 계기에 관해 이야기할 때가 있다. 이런 질문을 받았을 때 나는 고민 없이 2011년 홀로 떠난 유럽 배낭여행 이야기를 시작한다.

  어렸을 때부터 제일 많이 읽은 책이 있다. 한 권당 10번은 넘게 읽은 것 같다. 책이 너덜너덜해질 정도로 많이 읽었다. 거의 내용을 외우다시피 한 책은 바로 이원복 교수의 『먼나라 이웃나라』다. 1편 네덜란드를 시작으로 프랑스, 독일, 영국, 스위스, 이탈리아까지 한 세트다. 초등학교 시절 막연하게 머릿속으로 그리고 꿈꾸던 세계여행의 시작은 바로 이 책을 만나면서부터였다. 유럽 역사를 공부하면서 곧 세계사에 대한 관심까지 이어졌다. 그렇게 고등학교 때 선택과목으로 세계사 공부를 계속했다. 다른 나라에 대한 궁금증과 호기심은 곧 여행으로 연결됐다.

  지금은 초등학생들도 현장학습을 신청하고, 가족끼리 해외여행을 가는 것이 흔하디흔한 일이 되었다. 하지만 2000년대 초반까지만 해도 배낭여행은 대학생들의 로망이자 설렘 그 자체였다. 배낭 하나 메고 떠나는 낯선 곳으로의 여정 말이다.

  고등학교 때 담임선생님의 영향으로 나도 25살 전에(유럽 배낭여행에서 필수로 언급되는 유레일패스의 가격이 만 25살 기준으로 껑충 뛰었기 때문에 보통 그 이전에 배낭여행을 가라고 이야기한다.) 꼭 유럽으로 떠날 것이라는 다짐을 했다. 그 다짐을 이루기 위해 대학교 1학년 때부터 과외 아르바이트를 하면서 과외비 일부를 꾸준하게 저축했다.

대학교에 다니면서 공인회계사 시험을 준비했다. 경영학도라면 누구나 한 번쯤 꿈꾸는 시험이다. 난도도 높다. 얼떨결에 시작하게 된 회계 전공이 꽤 나랑 잘 맞았다. 회계 공부가 재밌어서 시험에 도전해 보기로 마음먹었다. 결과는 2번의 시험과 2번의 낙방. 1년에 한 번밖에 없는 시험이라 2년이란 시간을 소득 없이 흘려보내게 됐다. 2011년 복학을 했고, 복학을 한 그해 여름 나는 꿈꾸던 유럽 배낭여행을 떠나기로 결심했다. 시험을 준비하면서 자존감이 많이 떨어지기도 했고, 인간관계에 대해서도 고민이 많았다. 막연하게 여행을 다녀오면 그 모든 것들이 잘 정리될 것만 같았다. 그리고 그 예감은 적중했다.

이렇게 시작된 여행은 내가 온전히 나를 사랑하게 만들어 줬다. 비행기 티켓팅부터 약 두 달간 머물 숙소까지 모든 것을 혼자 준비했다. 여행사를 통해서 예약할지도 고민했지만, 뭐든 내 손으로 혼자 해보고 싶었기 때문에 직접 예약했다. 그렇게 모든 숙박과 일정, 교통편까지 확정해 두고 2011년 6월 런던으로 가는 비행기를 탔다.

지금은 세계 어디를 가도 구글 지도만 켜면 길을 잃을 일이 전혀 없다. 하지만 그때만 해도 스마트폰의 활용도가 지금처럼 높지 않았다. 나라별로 종이 지도, 일정표와 예약 내역들을 출력물로 들고 다녀야 했다. 다른 사람과의 연락이 지금처럼 쉽지도 않았다. 친구들 혹은 선후배와 연락할 기회도 없었다. 그래서 여행지에서 내가 먹고 싶은 것과 하고 싶은 것에 좀 더 집중할 수 있었다. 몸이 지쳐서 힘들더라도 그 힘듦이 나의 몫이었다. 적절한 휴식이 필요함을 깨닫고 쉬어 가는 것 또한 나를 돌보는 방식이었다. 비싼 런던 물가로 택시는 절대 타면 안 된다고 여행카페에서 받았던 조언은 런던에 도착하자마자 지하철 파업으로 예약한 숙소로의 이동이 난감해지자 쓸모가 없어졌다. (블랙캡은 유럽에 도착해서 제일 먼저 이용한 대중교통이 됐다.) 이렇게 여행 시작부터 남들과 상관없이 내가 만들어가는 나의 이야기가 시작됐다. 점점 시간이 가면서 여행 전에 느꼈던 미래에 대한 불안을 잊어갔다. 사람 관계에 대해서 느꼈던 아픔도 옅어졌다. 그저 내가 있는 곳에 집중해서 그곳에서의 내가 어떤 감정인지 느껴보는 것이 더 중요해졌다. 그렇게 하루, 이 틀, 두어 달의 시간이 지났다. 나는 인생에서 제일 중요한 사람은 나 자신이고, 앞으로도 그것에 가장 집중해야 한다는 것을 깨달았다.

여행을 통해 인생을 바라보는 관점이 크게 바뀌게 되었다. 그래서 나한테는 인생의 터닝포인트이자 지금도 가장 중요한 한 가지 단어를 꼽으라면 '여행'이다. 회사에 다니면서 연차의 대부분을 여행에 사용한다. 아무것도 하지 않고 그냥 쉬려고 연차를 쓴 적은 거의 없다. (코로나 시절을 제외하고는 10여 년 동안 별일 없이 연차를 쓴 건 5번도 안 되는 것 같다.) 항상 어느 곳이라도 훌쩍 떠나고 싶은 마음이 가득하다.

"떠나는 일에 있어서는 기갈 들린 사람처럼 천박해 보여도 좋다. 떠난 만큼은 닥치는 일들을 받아내기 위해 조금 무모해져도 좋다. 세상은 눈을 맞추기만 해도 눈 속으로 번져들 설렘과 환상으로 가득 차 있으니까"[1] 인생에서 나를 바꾼 경험과 단어를 생각해보자. 글자만 봐도 두근거리고 가슴 떨리는 단어. 그 단어가 내 일상의 원동력이 될 것이다.

---

1   이병률, 『끌림』, 달, 2010

6

백반정식과 비밀 양념

　전주 한옥마을로 나들이를 갔다. 놀러 가기 전에 맛집을 검색해 놓았다. 그런데 막상 내려가니 관광지라 사람들이 너무 많았다. 그래서 주변에 보이던 H 백반집으로 밥을 먹으러 가게 됐다. 들어가기 전에 가게 이름을 찾아봤는데 평가도 괜찮았다. 별다른 메인 반찬 없이 밑반찬과 찌개로만 구성된 백반 정식이라는 게 메뉴로 있는 것이 신선하기도 했다. 가게에 들어가서 기본 정식 2인분을 시켰다. 그리고 밥상이 차려지자 놀라지 않을 수가 없었다. '아, 상다리가 부러질 것 같다는 표현은 이럴 때 쓰는 거구나.' 싶었다.

　회사에 다니는 직장인들에게 반복되는 가장 큰 고민은 점심 메뉴다. 지금은 회사에 구내식당이 있어서 고민이 별로 없다. 하지만 이전에는 매일매일 점심 메뉴를 고르는 게 정말 힘든 일이었다. 특히나 우리 팀은 점심을 진심으로 대했던 사람들이었다. 적어도 점심만큼은 제대로 된 걸 챙겨 먹자는 마인드라 더더욱 그랬다. 점심 메뉴를 고를 때 중요한 점은 바로 메인 메뉴다. 요즘은 대부분 음식점이 특정 메인 메뉴를 팔기 때문에 돈가스, 닭볶음탕, 라멘 등 주요리가 무엇인지에 중점을 두고 식당을 정한다. 그런데 식당을 찾다 보면 메인 메뉴도 물론 중요하지만, 곁들어진 밑반찬이 맛있는 집들이 있다. 메인 메뉴가 맛있다면 더할 나위 없이 좋은 한 상이겠지만, 특별한 메인 메뉴없이 밥, 찌개, 반찬만으로도 맛있는 한상차림이 가능하다.

사회적으로 나라는 사람을 객관적으로 평가를 해보자. 졸업학교, 재직 중인 회사, 어학 능력, 자격증 등이 메인 메뉴가 될 수 있을 것 같다. 객관적인 지표로 평가되는 나에 대한 자료들이다. 우리가 치열하게 경쟁하면서 사는 이유는 각자가 가진 메인 메뉴를 남들보다 더욱 근사하게 보이기 위함이다. 좀 더 양념을 치고 간을 맞춘다. 누가 봐도 객관적으로 맛있는 메인 메뉴를 만들어 내기 위해 노력한다. 그리고 그 메인 메뉴가 곧 점수이자 평가가 된다. 하지만 메인 음식이 조금 부족하더라도 그 한상차림을 멋들어지게 메꿀 수 있는 밑반찬들이 있다. 금수저를 들고 태어났다느니, 좋은 학교를 나왔다느니, 거창하게 보이는 것뿐만 아니라 인생을 살아갈 때 중심이 되는 가치관, 자연스럽게 겪으며 느껴지는

성격같이 눈에 띄지 않는 섬세한 것들을 가꿔 줄 필요가 있는 것처럼 말이다.[2]

백반 정식은 여러 끼니를 반복해서 먹어도 잘 질리지 않는다. 겉으로 드러나는 객관적인 지표들이 부족 할 수 있다. 모든 사람이 서울대를 나오는 것도 아니고, 대기업을 다니는 것도 아니다. 나를 갖추고 있는 주메뉴가 조금 아쉬울 수 있다. 하지만 나를 만드는 다양한 부분들을 신경 써서 조금 더 나은 사람이 되기 위해 노력한다면 어떨까? 그 자체만으로도 충분히 내 강점이 될 수 있다. 모든 사람이 남들보다 특별한 능력으로 탁월함을 가지고 태어나는 것은 아니다. 세상엔 특출난 사람보다 평범한 사람들이 많고, 유명한 사람보다 그렇지 않은 사람이 훨씬 많다. 우린 평범함이라는 단어에 참 소홀하다. 잘 나가는 삶을 살아야만 행복하다고 이야기할 수 있는 것처럼, 타인에게 인정받는 사람이 되고자 노력한다. 그 노력 자체를 깎아내리자는 것이 아니다. 그저 그렇게 노력하다가 평범하다는 걸 깨닫는 순간 행복하지 않다고 느끼는 사람들이 안타까울 뿐이다.

나는 회계를 업으로 삼고 있는 직장인이지만, 회계사 자격증을 갖고 있는 것은 아니다. 그렇지만 회계업무와 관련된 공부를 스스

---

2 박철우, 『조금 다르게 살아도 괜찮아』, 다연, 2018

로 더 하고 있다. 다른 사람과의 관계를 진지하게 생각하는 성품을 만들어갈 수 있고, 늘 웃는 얼굴로 하루를 시작한다. 긍정적인 루틴으로 활기찬 성격을 만들기 위해 노력한다. 이런 적은 노력은 평범함 속에서 나를 특별하게 만들 수 있다.

진정한 개성이란, 타인과 같은 것을 해나가는 속에서 명확해진다. 주변 사람들과 같은 것을 해나가는 가운데 다른 것을 발견하고 그것을 키워 자신의 것으로 만드는 것, 그것이 개성이다. 평범한 사람들은 평범한 수준의 직장에서 일을 한다. 보통의 수준으로 돈을 벌고, 평범하게 적당히 크고 작은 집에서 산다. 또 평범하게 가정을 꾸린다. 엄청난 빚이 있는 것도 아니다. 범죄 전력도 없으며, 부부관계나 부모·자식과의 관계도 보통 원만하다. 이런 것이 얼핏 시시한 삶처럼 보일지도 모른다. 하지만 이것들을 전부 만족시키고 있다면 그것은 이미 큰 성공이라고 평가할 수 있을 것이다.[3]

평범함이라는 단어를 보면 지루하고 따분한 느낌이 든다. 소위 흥행에 필요한 재미와 자극이 없는 단어다. 하지만 이 평범함이라는 단어에 '꾸준함'이라는 단어만 합쳐보자. 제법 그럴듯한 단어가 보인다. 평범함 속에 꾸준함이라는 나의 노력을 양념으로 가미

---

3   미타 노리후사, 『평범함의 힘』, 21세기북스, 2016

할 뭔가를 찾아보자. 그럼 내 일상이 특별해질 수 있다.

　나에게 있어서 그 양념은 매일 꾸준하게 지속하는 운동에 대한 습관이다. 꾸준하게 지속하는 운동에 대한 습관은 내 자존감을 올려주는 역할을 한다. 내가 운동을 하는 순간과 그것을 지속하는 동안 마인드 셋이 된다. 내게 운동이 그런 것처럼 각자에게는 특별한 비밀 양념이 있을 것이다. 모두가 스스로 차리는 인생이라는 백반 정식에 그것을 조금 더 특별하게 만들 수 있는 비밀 양념을 찾아보자. 주요리가 없어도 밑반찬과 더불어 나의 한 상을 특별하게 차릴 수 있을 것이다.

7

SNS 속 찰나의 열등감을
극복해야 한다

3:5, 4:6 사이즈를 보면 사진 인화 사이즈가 자연스럽게 머리에 떠오른다. 과거 필름 카메라가 주류였을 때는 사진을 찍으면 4:3 사이즈가 일반적이었다. 하지만 지금은 1:1 비율로 사진을 찍는 사람들이 많아졌다. 바로 인스타그램 SNS 업로드 때문이다. 언젠가부터 사진을 찍을 때 사람들이 정사각형 프레임을 많이 사용한다. 어색하게 느껴졌던 정사각형 프레임이 지금은 더 익숙해졌다. 사진을 찍을 때 1:1 비율이 더 이쁘게 나올 것 같은 모습을 먼저 생각한다.

나는 몇 년 전 페이스북 아이디를 없앴다. 바로 전날까지도 재밌게 글을 읽으면서 여러 게시글에 '좋아요'를 눌렀다. 그랬던 내가 페이스북 아이디를 없앤 이유는 딱 하나였다. 어느 순간 그 SNS 속 사람들에게 찰나의 열등감을 느꼈기 때문이다. 처음엔 다른 사람들의 일상이 마냥 재밌게만 보였다. 타인의 일상이 부러움으로 바뀌고 내 일상과 비교를 하게 되면서 열등감이라는 감정이 스멀스멀 피어올랐다. 그렇게 페이스북 아이디를 없애고 오랜 시간이 지났다. 그 후 새로운 유행의 인스타그램에 가입하게 됐고, 지금도 잘 이용하고 있다.

요즘 SNS는 홍보 효과도 좋고, 일상을 기록하기에도 간편하다. 재미있는 볼거리들도 많아졌다. 오랫동안 보지 못한 친구에게 조심스레 연락을 건네기에도 부담스럽지 않다. 그만큼 요즘은 SNS를 이용하지 않는 사람을 찾기가 더 어려울 정도다. 작은 프레임 속에 행복한 모습을 담기 위해 노력한다. 그리고 그렇게 보이는 프레임이 전부인 SNS 세상에서는 모든 사람이 웃고 행복하다. 세상의 모든 것을 잘 즐기고 있는 것처럼 보인다. 그런데 가끔 이 SNS가 미소 짓는 괴물로 느껴질 때가 있다. 내 하루를 잡아먹는 기분이다. 나는 보통의 일상을 보내고 있는데 나를 제외한 모든 사람이 특별한 하루를 보내고 있는 것처럼 보인다. 그 모습들을 보면서 나도 모르게 열등감이 생기고, 그 열등감에 내 자존감은 잠식당한다.

이런 여러 가지 상황에서 불행의 시작은 남과의 비교다. SNS는 스스로를 타인과 비교하기에 쉬운 환경에 놓아두게 만든다. 삶은 평범하다. 그리고 그 평범함에 익숙해지면 심심하다. SNS를 통해 잔잔한 일상에 자극이 발생하면 평범함은 흐트러지고 마음은 흔들린다. 내가 50의 속도로 걷고 있을 때 내 옆에 30의 사람이 있다면 나는 빨리 뛰고 있는 것처럼 보인다. 내 옆에 90의 사람이 있다면 나는 한없이 느린 것처럼 보일 것이다. 여기서 중요한 건 30의 사람도 아니고, 90의 사람도 아니고, 내가 50의 속도로 걷고 있음을 인지하는 것이다. 내 속도를 확실하게 알고 중심을 잡는 것이 중요하다.

과도한 비교를 그만두려면 정보량 자체를 줄이는 방법밖에 없다. 아예 비교하고 싶지 않다면 사람들과 만날 수 없고, 정보도 얻을 수 없는 무인도 같은 곳에 가서 혼자 생활하는 것이 가장 효과적이다. 하지만 이는 너무 비현실적이고 가능하지도 않다. 완벽하게 정보를 차단하지 못하더라도 정보가 들어오는 양은 제한해야 한다. SNS를 볼 때마다 기분이 썩 좋지 않다면 보지 않거나, 사용하는 시간이나 횟수를 줄이는 것도 방법이다. [4]

20대나, 30대나 뭐가 그렇게 달라질까 싶었다. 드라마처럼 내 인생이 역동적으로 달라지는 것은 없다. 그저 하루하루 살아가며

---

4   홋타슈고, 『나는 왜 생각이 많을까?』, 윤지나, 서사원, 2021

회사 생활을 한다. 평범한 일상에서 내 생각과 마음가짐이 크게 달라질까 싶었다. 하지만 분명히 달라지는 점이 있다. 나이를 먹는다는 건 당연하게 생각되는 이런 찰나의 열등감에서 얽매이지 않고 잘 벗어날 수 있는 유연함이 생기는 것이다. 몇 년 전에는 그 열등감을 견디지 못해 페이스북을 없애 버렸다. 하지만 지금은 같은 감정을 느끼더라도 훨씬 더 감정을 잘 컨트롤할 수 있다. SNS를 잠시 보지 않고 나의 시간을 가진다. 산책하면서 오늘 하루 있었던 내 일상을 되새겨 본다. 맛있는 걸 먹으면서 남편과 수다를 떨 수도 있다. 내가 얼마나 잘 살고 있는지 또 열심히 살고 있는지는 스스로 끊임없이 독려해야 한다. 보여지는 삶의 범위가 넓어지는 요즘의 세상 속에서 나 자신을 잃지 않으려면 내 생각의 중심이 내가 될 수 있도록 집중 또 집중해야 하지 않을까?

나는 전자책보다는 종이책을 좋아한다. 의미 있는 가사를 가진 서정적인 옛날 노래를 좋아한다. 전자음보다는 어쿠스틱 기타 소리를 좋아한다. SNS에 새로운 기능이 생겨도 기껏해야 게시글을 올리는 정도밖에 잘 모른다. 이런 내게 빠르게 변하는 세상 속에서 어떻게 다른 사람들의 속도를 쫓아가야 하는지는 끊임없는 숙제다. 그러나 '뱁새가 황새를 따라가면 가랑이가 찢어진다'는 속담이 있듯, 나는 그냥 내가 하고 싶은 대로 살기로 했다. 다른 사람들이 1:1 정사각형 비율로 사진을 찍더라도 나는 끝까지 4:3 비율을 고집하는 것처럼 말이다. 내 눈에 이쁘고, 내가 행복한 나만

의 방식을 포기하지 않을 생각이다. 그리고 거기서 오는 행복을
잘 느끼며 살아가고 싶다. 지금도 그리고 앞으로도.

8

누구도
알려주지 않았다

공부를 잘하면 좋은 대학교에 들어갈 수 있다는 건 알았다. 용돈을 꾸준히 모아서 저축하면 목돈을 모을 수 있다는 것도 배웠다. 시험을 잘 보면 자격증 시험에 합격할 수 있다는 것도, 이력서를 잘 쓰면 회사에 취업할 수 있다는 것도 알 수 있었다. 하지만 그 누구도 행복한 삶을 살기 위해서는 뭘 어떻게 해야 하는지 알려주지 않았다.

나는 평소 진지한 대화를 좋아한다. 하지만 친구들이나 주변 사람들과 행복에 관해 이야기하려고 하면 낯간지러운 주제라고 치부해 버린다. 뭐 그런 걸 얘기하냐며 대화의 주제로 올리는 것조차 부담스러워한다. 하지만 그저 가벼운 대화 주제라고 생각하고 넘기기에는 꽤 중요한 문제다. 2022년 세계 행복지수 통계 가운데 한국의 행복도가 OECD 38개국 중 36위로 최하위권이다. IMF 국제통화기금에 따르면 한국의 경제 규모는 2022년 세계 12위로 경제 대국이지만 우리 국민은 행복하지 않다고 조사됐다. 세계 12위 경제 대국의 국민인데 왜 그럴까? 직장인이 되어 친구들과 대화할 때 연봉이 얼마냐고, 올해 상여금은 얼마를 받았냐고 묻는 건 당연히 물을 수 있는 주제로 느낀다. 그러면서 행복하냐는 질문은 고리타분한 선비 같다고 느끼는 건 어디서부터 시작된 문제일까?

2013년 5월 취업을 준비하던 중에 1차 합격 연락을 받고 2차 면접을 보러 갔다. 재무 이사님과 일대일 면접이었다. 거주지에 대한 내용과 전공에 대한 이야기 등 가벼운 대화를 시작으로 면접이 진행됐다. 2차 면접은 나를 포함해서 총 2명이었다. 2:1의 경쟁률. 이것만 잘 보면 최종 합격이라는 생각에 바들바들 떨면서 이사님 방에 들어갔다. 오래전 일이라 다른 것들은 기억이 잘 안난다. 하지만 B 이사님의 마지막 질문은 11년이 훌쩍 넘은 지금도 또렷하게 기억난다.

"유리 씨는 행복한가요?"

이 질문이 유난히 기억에 남는 이유를 생각해 봤다. 지금까지 살면서 누군가가 내게 행복한지를 물어본 적은 한 번도 없었기 때문이다. 그래서 이 질문이 지금도 기억에 남고 머릿속을 맴돈다.

"이사님, 저는 어딘가에서 제 소개를 할 때 아침에 눈을 뜨는 순간부터 잠이 드는 매 순간이 행복한 사람이라고 표현합니다. 그래서 자신 있게 대답할 수 있어요. 저는 지금도 정말 행복합니다."

내 대답이었다. 그렇게 그곳은 내 첫 번째 직장이 되었다. 입사한 이후에 이사님과의 회식 자리에서 저 질문에 관해 물어본 적이 있다. 그때 이사님은 살면서 행복이라는 가치가 누구에게나 중요한 것이기에, 같이 일하는 사람들이 그 가치에 대해서 공감하는 사람이었으면 하는 마음으로 면접 때 저 질문을 늘 던진다고 하셨다. 이후로도 나는 행복에 관해 이야기할 때면 B 이사님이 했던 질문에 대해서 곱씹어 본다. 그리고 주기적으로 나 자신에게 물어보곤 한다.

'나는 지금 행복한가?'

우리는 일상에서 행복에 대해 함께 이야기 나눌 수 있는 사람이 많지 않다. 또 누구도 알려주지 않았다. 잘 살고 싶고 행복한 삶을 살고 싶은 건 인간의 본능이다. 우리는 돈을 잘 벌 수 있는 방법에 대해서는 처음 만난 사람과도 쉽게 이야기하지만, 행복에 대해서는 생각을 나누려 하지 않는다. 마치 그것에 대해서 이야기하면 큰일이라도 나는 것처럼 말이다. 그래서 행복에 대한 에세이 책과 자기계발서들이 날개 달린 듯 팔려나가는 게 아닐까 하는 생각을 한다. 잘 모르겠지만 누군가는 행복하기 위한 답을 알고 있을 것만 같은 마음으로 말이다.

 뻔하디뻔한 이야기를 읽으면서도 공감이 되는가? 내 생각을 그 공감에서부터 뻗어 나가는 것이 행복 찾기의 시작이다. 내가 어떤 생각을 가졌고 뭘 좋아하는지 궁금증이 생긴다면 행복하기 위해 필요한 것들이 무엇인지 하나씩 깨달을 수 있다. '행복하고 싶다'는 생각부터가 중요한 것이다. 우리는 행복하게 살 수 있는 방법을 배운 적이 없다. 혼자서 생각하고 터득해야 한다. 그래서 내가 좋아하는 것이 뭔지 끊임없이 생각해야 한다. 내가 행복했던 순간들을 잊지 말고 기억해야 한다. 다른 사람들의 행복했던 순간들이 힌트가 될 수 있지만 그것은 정답이 아니다. 그들도 배운 적이 없기에 각자의 방법으로 행복을 찾고 있을 뿐이다.

 어른들이 말하길 살면서 공부가 제일 쉬운 거라고 한다. 어렸을 때는 말도 안 되는 소리라고 생각했다. 그들은 공부를 안 해도 되니까 저런 소리를 하는 거라고 확신했다. 하지만 그 말은 정말 사실이었다. 학생 때는 명확한 답이 있는 문제들을 마주했다. 그리고 그 문제에 대해 명확한 길잡이가 되어 줄 선생님이 늘 함께였다. 학창 시절 공부는 인생에서 제일 쉬운 거였다. 어른이 되어 인생에서 만나는 대부분의 일들에 정답 따위는 없다. 내가 한 결정과 살아가는 인생이 옳은 길인지 이야기해 줄 수 있는 선생님은 어디에도 없다. 나에게 잘 살고 있다고 말해 줄 사람은 오직 나 자신뿐이다. 홀로 넓은 세상에 던져졌고 스스로 최적해를 찾아 그저 선택해서 살아갈 뿐이다.

그렇게 살아가는 우리의 일상이 행복했으면 좋겠다. 그리고 그렇게 행복을 사유하고 끊임없이 고민하는 시간이 꼭 필요함을 과거의 나에게 얘기해 주고 싶다. 누군가 내게 이런 이야기를 먼저 들려줬다면 타인으로 인해 상처받고 외부의 영향으로 방황했던 시간을 줄일 수 있을 테니 말이다. 그리고 그 시간에 스스로에 대해서 깊이 생각해 봤을 것이다. 하지만 곰곰이 생각해 보면 어렸을 때부터 부모님을 포함해서 누구의 말도 듣지 않는 건 전 국민 공통의 국룰이다. 공부를 열심히 하면 좋은 대학교에 갈 수 있다는 걸 다들 알지만 모두가 서울대에 입학하는 건 아니지 않나? 결국 겪어보고 깨닫는 건 삶을 살아가는 우리 자신들이다. 그렇기 때문에 알려주는 사람은 없지만 그 속에서 행복할 방법을 계속해서 찾아야 한다.

제 2 장

당신이 그동안 갓생에
실패한 이유

1

미련이라고 불리는
가지 않은 길

그래, 결심했어! 빠밤빰빠밤 빰빠라밤.

90년대 〈TV 인생극장〉이라는 예능 프로그램이 있었다. 특정한 설정으로 이야기를 전개해 나가다가 주인공이 어떤 선택의 갈림길에 서게 된다. "그래 결심했어!"라는 대사와 함께 잠시 휴식 시간을 가진 후 선택한 전개를 하나씩 확인하게 된다. 이 컨셉을 패러디해서 〈무한도전〉에서 Yes or No 특집을 진행하기도 했다.

우리는 지금까지 수많은 선택의 상황을 거쳐 현재에 있다. 그리고 앞으로도 우리에겐 끊임없이 선택해야 하는 순간들이 찾아올 것이다. 매 순간 선택의 갈림길에서 수많은 가능성에 대한 생각과 예상치들을 두고 고민할 것이다. 프랑스 실존주의 철학자인 장 폴 사르트르는 '인생은 B와 D 사이의 C다.'라는 명언을 남겼다. 인생은 태어날 때부터(Birth) 죽을 때까지(Death) 선택의 연속(Choice)이라는 의미다. 이 선택에 있어서 미련과 후회는 필연적으로 함께한다. 비슷한 듯하지만 전혀 다른 두 단어에 관해 이야기를 해보려고 한다.

나는 어떤 선택을 하면서 최대한 후회하지 않으려고 노력한다. 지나간 선택에 대해서 반성하고 뭔가 깨달음을 얻으려는 노력보다 그 당시의 선택이 옳은 것이었다고 확신하는 쪽에 에너지를 쏟는다. 그러나 이 후회와는 상관없이 밀려드는 감정이 바로 미련이다. 어떤 선택을 하든지 선택의 반대쪽에는 선택하지 않은 길이 있다. 이 가지 않은 길은 우리가 경험해 본 적 없는 것이다. 그래서 사람들은 그 길에 대해 끊임없이 궁금해하고 상상한다. '내가 만약 그 길로 갔더라면' 하는 생각과 함께 말이다. 깨끗하게 정리하지 못한 마음을 가진 채 가지도 않은 그 길에 대한 복기를 시작한다.

첫 회사를 햇수로 11년을 다녔다. 과거에 회사를 그만둘 수 있는 두 번 선택의 순간이 있었다. 한 번은 전혀 다른 업종으로 진로 전환에 대한 고민이었다. 또 한 번은 외국으로 갈 수 있던 상황적인 여건이었다. 진로에 대한 고민 에피소드는 회계일과 전혀 다른 것이었다. 학부 시절부터 10여 년을 넘게 공부해 온 지금의 업무와 다른 새로운 길을 선택해야 했다. 떨리고 재미있을 것 같았다. 하지만 지금까지 쌓아 온 커리어가 아까운 마음을 무시할 수 없었다. 이룬 것들을 포기할 수 없어서 결정적인 순간에 기존 회사에 머물렀다. 외국으로 나갈 수 있는 상황도 비슷했다. 마지막 순간, 그간 더 많은 것을 배우고 연차가 쌓인 내 경력(높아진 연봉이라고 읽는다.)을 포기할 수 없었다. 그렇게 그 당시 현재에 머물렀다. 그로 인해 더 높은 업무 경력을 쌓았고 팀장이라는 직책까지 올라갔다. 지금의 남편을 만나 결혼했으며, 이직까지 했다. 그때 회사를 그만두지 않은 것에 대한 후회는 없다. 하지만 내가 회사를 그만뒀다면 어떻게 됐을지에 대한 상상을 수도 없이 해봤다. 그리고 그 끝에는 분명히 후회했을 거라는 결론이 있다. 그래서 나는 다시 돌아가더라도 지금과 같이 살았을 것이라고 오래전 그 선택의 갈림길에 있던 나에게 이야기한다.

저녁 메뉴를 정하는 사소한 선택에서도 내가 고르지 않은 것에 대한 미련은 항상 남기 마련이다. 하물며 인생에서 중요한 결정을 했다면 어떻게 그 선택에 대해서 100% 만족할 수가 있겠는가? 후회하지 않기 위해 노력할 뿐, 그 미련에 대한 아쉬움은 너무나 당연하다. 하지만 그 미련에 대한 아쉬움으로 내가 한 선택의 결과를 부정적인 것으로 생각하면 안 된다. 그 마음은 과거의 나에 대한 위로와 토닥임 정도일 뿐이다. 미련 자체가 지금의 내 인생에서 주된 생각이 될 수 없다. 그 미련이 도무지 떨어지지 않을 때 생각의 전환을 해보는 방법이 있다. 의식적으로 '했더라면' 보다 '적어도'를 떠올리는 거다.

'적어도'는 우리의 기분을 좋게 만든다. '적어도 지금 회사에서 팀장은 됐지.' '적어도 내 커리어는 유지했어.'라고 생각할 수 있다. '적어도'는 위안과 위로를 건넨다. 반면에 '했더라면'은 우리의 기분을 나쁘게 만든다. '내가 회사를 그만뒀더라면 그곳에서 새로운 것을 했을 텐데.' '내가 외국으로 갔었다면 더 넓은 세상을 봤을 텐데.' '했더라면'은 불편함과 고통을 안겨준다.[5] 따라서 되도록 과거의 선택에 대해 회상할 때 '적어도'를 의식적으로 떠올리는 습관을 갖도록 해보자.

나는 지금도 선택의 순간이 늘 어렵다. 점점 잃을 것이 많아지는 나이가 됐기 때문이다. 어떤 선택을 할 때 내가 손에 쥐고 있는 것과 얻을 것을 비교하게 된다. 내가 쥐고 있는 것을 잃지 않기 위해 더욱 꽉 쥐다가 그것을 포기하는 건 여간 어려운 일이 아니다. 그래서 어떤 선택을 했을 때 아쉬운 미련이 남는 일들이 왕왕 생겨나는 것 같다. 그럴 때 나는 스스로 잘한 일이라고 다독인다.

5　다니엘 핑크, 『후회의 재발견』, 김명철, 한국경제신문, 2022

후회는 하지 말자. 모든 삶이 완벽하게 딱 들어맞을 수는 없다. 하지만 누가 봐도 구질구질하게 미련이 뚝뚝 떨어져 보일지언정 그래도 내가 후회하지 않는다면 내가 한 선택은 잘한 일이 된다.

우리의 인생에서는 "그래! 결심했어!"를 외치며 다시 돌아가고 싶은 순간들이 분명히 존재한다. 하지만 우리의 인생은 드라마처럼 회귀하는 상황 따위는 없다. 앞으로 나아갈 뿐이다. 뒤를 보지 말고 앞을 바라보며 눈앞에 놓인 또 다른 선택의 순간에 집중해 보자.

게으른 완벽주의자

'1시 4분이네. 1시 30분부터 해야지.'
'벌써 4일이네. 다음 달 1일부터 해야지.'
'벌써 11월이야. 내년 1월 1일부터 꼭 운동할 거야.'
'월요일엔 꼭 학원에 가야지.'

대체 우리의 1일과 월요일과 1월은 무슨 잘못을 했길래 이렇게 매번 많은 사람의 집단적 반성을 받아들여야 하는 운명에 있는 걸까? 희한하게 헬스장에는 월요일에 사람이 제일 많다. 화요일부터는 어제까지 가득 차 있던 사람들이 사라지기 시작한다. 1월에는 각종 학원이 개강도 하기 전에 마감이 되기 마련이다. 완벽하게 시작부터 잘 해내려는 사람들의 의지가 반영된 모습 같다. 이런 보편적인 의지를 넘어서서 이상한 방향으로 완벽함을 추구하는 내 이야기를 해보려 한다.

공부를 시작하기 전 독서실 자리를 청소한다. 러닝머신은 10분, 15분처럼 5의 배수로 맞춰서 타는 것을 좋아한다. 정각과 딱 떨어지는 시간을 맞춰서 뭔가를 시작한다. 이렇게 어떤 일을 하기 전에 조건을 갖다 붙이는 사람을 '게으른 완벽주의자'라고 한다. 어딘가에서 이 단어를 보고 나를 잘 아는 누군가가 내 얘기를 써 놓은 것인 줄 알았다. 마치 깊숙하게 숨겨놓은 민낯을 드러내는 기분이랄까?

사실 내가 게으르다고 말하면 주위에서 아무도 믿지 않을 것이다. 과거 직장동료는 살면서 본 사람 중에 나처럼 바쁜 사람을 본 적이 없다고 말했다. 현 직장에서 동기들은 나보고 '진정한 갓생러'라면서 24시간이 모자란 삶을 사는 사람이라고 표현했다. 학부 시절 대부분 수업은 1교시 수업을 넣었다. 오전 수업을 듣는 걸 좋아했고, 1교시부터 채워진 시간표에서 안정감을 느꼈다. 뭔가 배우려고 학원을 등록할 때도 선택할 수 있는 가장 빠른 시간을 고르는 편이다. 지금도 뭔가를 하게 되면 가장 빠르게 움직일 수 있는 선택지를 선호한다. 또한 계획한 일을 빠르게 처리하기 위해 노력한다. 사실 이 모든 행동은 내가 뼛속까지 게으른 사람이라는 사실에 기초한다.

나는 늦잠 자는 것을 정말 좋아한다. 침대에서 뒹구는 시간은 그야말로 천국이다. 그래서 일부러 부지런히 하루를 굴린다. 일찍 일어나서 뭐라도 하나 할 수 있도록 말이다. 들어보면 앞뒤가 맞지 않는 말 같다. 예를 들면, 출근 시간이 8시로 다소 이른 편이지만 출근 전에 새벽 수영을 갔다가 회사를 간다. 주변에서 새벽 수영이 힘들지 않으냐고, 왜 이렇게 하냐고 물으면 사실 "제가 너무 게으른 사람이라서 아침 수영을 등록한 거예요."라고 대답한다.

게으른 완벽주의자는 일을 시작하기 전에 조건이 완벽해지기를 기다린다. 그는 상태를 자각할수록 자신에 대해 더 좌절한다. 고통스러운 이유는 자기가 할 수 있다는 걸 알지만, 아직 그걸 할 준비가 안 됐기 때문이다. 자기가 잘할 수 있는 일을 다른 사람이 해내는 모습을 보면 패배주의와 분노가 앞선다. 게으른 완벽주의자는 자기에게 에너지가 더 많으면 그 일을 할 수 있을 거로 생각하지만 절대 그렇지 않다. 이미 충분한 에너지가 있고 전혀 게으르지도 않다. 그에게 없는 것은 수용 능력이다. 이런 유형에게는 망설이는 습관이 매우 강력하게 드러난다. 그는 엉뚱하게도 시작을 회피하는 이유를 늘 야망 부족으로 돌린다. 또한 노력하면 더 잘할 수 있겠지만 위험을 감수하지 않는다. 그리고 이것이 그를 괴롭힌다.[6]

6 캐서린 모건 셰플러, 『그럭저럭 살고 싶지 않다면 당신이 옳은 겁니다』, 박선령, 쌤앤파커스, 2023

나는 이를 극복하기 위해 적극적이고 능동적인 모습으로 삶의 태도를 바꿔왔다. 실로 내 일상은 모든 것이 완벽하게 갖춰지지 않았다. 게을러지는 나의 성격을 고칠 수 있는 가장 쉬운 방법은 행동하는 것이다. 고민과 생각은 나중 문제고 일단 시작하는 거다. 성공하든 실패하든 우선 시작해 본다. 완벽하지 않더라도 해보고 나서 부족한 부분을 다듬으면 된다. 처음부터 실수 없이 뭔가를 이루고 싶어 하는 마음에서 시작되는 주저함이 내가 가장 두려워하던 것이다. 그래서 행동하고 그 부족함을 보완하는 습관을 들이려고 노력했다. 예를 들어 아침에 수영을 매일 다니기 위해서 등록했지만 피곤해서 혹은 다른 이유로 수영을 못 나가게 되더라도 스스로 자책하지 않는다. 그 한 번이 완벽함을 망가뜨리는 것은 아니다.

완벽하다는 단어는 지극히 주관적이다. 사실 우리는 무의식적으로 사용하지만, 이 단어는 그 자체가 주는 부담감이 있다. 사전적인 의미는 '결함이 없이 완전하다.'는 뜻인데 어떻게 우리의 삶과 인생이 결함이 없이 완전할 수 있겠는가? 일을 하면서 제출하는 보고서나, 내가 만든 PPT 결과물 등 단적으로 평가되는 것들은 완전하다고 표현할 수 있다. 하지만 지속적이고 영속적으로 나아가는 우리의 삶을 완벽하다는 단어로 매 순간 평가하기에는 그 잣대가 너무 가혹하다. 이러한 완벽주의 마인드는 자존감과도 연결된다. 우리는 마음먹은 일을 시작하는 그 자체로 스스로를 칭찬해 줄 수 있어야 한다. 하지만 완벽이라는 말로 그 시작에 대한 긍정적인 피드백보다는 부족한 점에 대한 평가가 우선되고 또 그로 인해 좌절한다.

결국 내가 뭔가를 완벽하고 결함 없이 이루고 싶다는 생각을 전환해 볼 필요가 있다. 내가 뭔가를 시도하는 자체로 이미 내 삶이 완전하다는 것을 끊임없이 상기하자. 사람은 육체적이나 정신적이나 이전의 상태로 돌아가고자 하는 탄력성을 갖고 있다. 그래서 노력하지 않으면 다시 습관적으로 하던 생각과 행동을 하게 된다. 수요일부터 책 읽기를 시작해도 좋다. 목요일부터 운동을 시작해도 좋고, 다이어리는 3월부터 써도 좋다. 어쩌다가 하루 빼먹는 일기도 괜찮고, 하루쯤 쉬어가는 운동도 괜찮다. 이미 우리의 시도는 그 자체로 존중받아 마땅하다.

3

긍정과
자기합리화의 차이

"팀장님은 정말 긍정왕이에요."

나는 긍정적이라는 이야기를 많이 듣는 편이다. 평소 무표정이면 무서워 보이는 외모 탓에 웃으려고 많이 노력한다. 이런 습관이 긍정적인 모습으로 보이는 데 한몫을 하는 듯하다. 출근길에 회사 건물에서 누군가를 마주치더라도(이름도 모르지만 회사 건물에서 만났으니 우리 그룹 내 직원이려니 한다.) 힘차게 인사한다. 아침 회사에서의 내 일상 루틴이다. 이 모습에 특별한 것은 없다. 그럼에도 이 모습으로 하여금 긍정적이라는 이미지를 연상하게 만들었다는 점에서 궁금증이 생겼다. 긍정적이라는 말은 언뜻 생각하면 자기합리화와 동전의 양면처럼 맞닿아 있는 느낌이 든다. 칭찬으로 자주 사용하는 긍정적이라는 단어와 부정적인 의미로 사용되는 자기합리화는 뭐가 다를까?

사람들은 "긍정적인 사람이 되자."라는 말을 자주 한다. 그리고 이 말은 여기저기에 붙어 삶에서 필수적인 단어처럼 보인다. 마음가짐, 행동 등 수많은 자기계발서, 에세이 서적에서도 긍정적인 태도의 중요성을 강조하고 있다. 그러면서 동시에 '자기합리화하는 사람이 되지 말라.'라고 하는데 이게 참 어렵다. 두 마음가짐과 행동을 명확하게 구분하기 어려운 이유가 있다. 어떤 상황에 부딪혔을 때 두 행동은 매우 비슷하기 때문이다. 하지만 머릿속에 긍정적인 사람과 자기합리화를 잘하는 사람을 한번 떠올려 보자. 생각해 보면 분명히 각각 다른 사람이 떠오를 것이다. 그리고 그 두 사람은 분명한 차이가 있다.

친구의 직장동료 N에 관한 이야기다. N은 평소 성격도 밝고 업무 커뮤니케이션에서는 크게 문제가 없었는데 썩 좋지 않은 부분이 하나 있었다. 바로 어떤 상황에서도 죄송하다고 말하지 않는 버릇이다. 본인이 저지른 실수와 관련된 이야기를 할 때도 절대 잘못했다고 인정하지 않는다. N은 어떤 상황에서도 늘 핑계와 이유가 있다. 늘 본인이 그렇게 행동함에 있어서는 마땅한 이유가 있다며 나름의 합당한 변명을 늘어놓는다. 그렇다고 N이 저지른 실수들이 없었던 일이 되는 것은 아니다. 그런데도 N의 변명을 들다 보면 "그래서 나는 잘못했다고 할 이유가 없다."라고 말하는 것처럼 들린다. 마치 지적을 한 사람이 예민한 사람인 것처럼 말이다. N은 업무에서도, 태도에서도 스스로 긍정적인 사람이라고 평가한다. 나는 이 N의 이야기에서 긍정적인 것과 자기합리화를 구분하는 나만의 기준을 찾았다. (사실 이 두 단어에 대한 명확한 차이가 법적으로 정해진 것은 아니다. 하지만 이 차이가 무엇인지 우리는 스스로 생각해 볼 필요가 있다. 그 생각을 하다 보면 나만의 기준이 세워질 것이다. 그리고 내가 생각하는 긍정적인 모습을 위해 더 노력할 수 있다. 그 기준에 따라 자기합리화하는 모습을 지양할 수도 있게 될 것이다. 남들이 세워놓은 기준이 중요한 것이 아니라 내가 스스로 긍정적인 사람으로 나아가기 위해서 나만의 기준을 세우는 것이다.)

긍정적인 사람은 어떤 잘못이나 실패를 했을 때 그것을 인정하고 더 나은 모습을 찾아갈 줄 안다. 좌절하고 낙담하여 포기하는 것이 아니라 새로운 방법을 찾는 것이다. 자기 자신을 객관적으로 바라볼 줄 안다. 미래에 대한 계획에 있어서 스스로 더 나은 방향으로 의식을 움직이려고 노력한다. 업무적으로 실수를 했을 때 그 실수를 인정하고 어떤 부분에서 본인의 역량이 부족했는지 반성한다. 그리고 다시는 그 업무에서 실수하지 않은 방법을 모색한다. 반면에 자기합리화를 잘하는 사람은 잘못과 실패를 인정하지 않는다. 다수가 지적하는 옳지 않은 혹은 일반적이지 않은 상황 속에서도 말이다. 어떻게든 본인이 선택한 결과가 옳다고 관철하려 하는 모습을 보인다. 그래서 나는 스스로 실패와 실수를 인정할 줄 아는지의 여부가 긍정적인 것과 자기합리화하는 것을 구분할 수 있는 하나의 잣대라고 생각한다.

누구나 사람은 살면서 실패를 경험한다. 우리는 운동을 배울 때도, 회사에서 일을 배울 때도, 그 어떤 새로운 것들을 경험할 때도 단 한 번에 성공만 하면서 살 수는 없다. 그런데도 모든 일에서 반드시 성공만 하는 사람이라고 생각하는 오만함은 결국 자기합리화일 뿐이다. 때론 나도 자기합리화하며 내가 긍정적이라고 착각하는 때도 있는 것 같다. 내가 실수하고 그것을 인정하고 받아들이면 패배자가 되는 것 같은 기분이 들어서 거부하고 싶을 때도 있다. 그렇지만 결국 내가 내 모습을 똑바로 직시할 때 진짜 속마음을 가장 잘 들여다볼 수 있다.

자기합리화에 빠지지 않으려면 어떻게 해야 할까? 가장 중요한 것은 반성과 객관화다. 내 행동과 언어 그리고 마인드를 주기적으로 검토하자. 내가 어떤 말을 자주 사용하고 있는지 생각해 보면 내 언어에 대해서 고민할 수 있다. 싫어하는 상황이나 실수했을 때 내가 제일 먼저 어떤 행동을 하는지 살펴보라. 그 행동에 대해서 검토할 수 있다. 그리고 마지막으로 내가 처한 상황과 실수를 타인이 했을 경우로 치환해서 생각하자. 그러면 조금 더 상황을 객관적으로 바라볼 수 있을 것이다. 힘든 상황에 놓여있을지라도 자기합리화하지 말고 긍정적으로 생각하자. 실수와 실패가 내 모든 것을 무너뜨리는 것이 아니다. 나를 우습게 만드는 것은 더욱 아니다. 더 나은 상황으로 가기 위해 노력하는 과정에 있을 뿐이라는 사실을 인식하자.

긍정적인 생각은 긍정적인 결과를 만든다. (Positive thinking makes positive things.) 내 인생의 기본 모토로 생각하고 있는 문장이다. 스스로 먼저 긍정적인 생각을 가지고 행동해야 만족스러운 결과물이 따라온다. 내가 먼저 긍정적으로 생각하지 않는다면 결코 좋은 결과가 발생하지 않을 것이다.

4

하고 싶은 걸 못하면
견디지 못하는 몹쓸 병

"엄마, 새 운동화 사야 될 것 같은데 저거 어때요?"

"응 괜찮네. 한번 생각해 보자."

"엄마, 저 운동화 근데 너무 예쁘지 않아요?"

"응 예쁘네."

"엄마, 근데 저 운동화 저한테 맞겠죠?"

"알겠어 유리야. 이번 주말에 운동화 사러 가자."

"엄마, 직접 가서 보면 운동화가 더 예쁘겠죠? 우리 일요일에 가는 거죠?"

"너는 정말 어렸을 때부터 징글징글했어."

엄마가 가끔 옛날이야기를 할 때 하는 말이다. 나는 뭔가 갖고 싶은 게 있으면 그걸 얻을 때까지 그것만 보이는 아이였다. 언젠가 마음에 드는 운동화가 생겼다. 엄마가 주말에 백화점에 가서 그 운동화를 구경해 보자고 이야기한 모양이다. 그럼, 월요일부터 주말까지 그 운동화를 가지고 노래를 불러 댔다고 한다. 질려버린 엄마는 내 손을 잡고 백화점에 끌고 갔다. 가서 그 운동화를 사서 기어이 내 품에 안겨줬다. 단순히 운동화뿐만이 아니다. 초콜렛이니 과자니 어렸을 적 이런 일화들이 한두 개가 아니고 차고 넘친다. 얘기를 들어보면 '진상도 이런 진상이 없었구나' 싶다. 과거 얘기를 들으면서 뭔가 하고 싶은 걸 못 하면 견디지 못하는 이 성격은 그냥 어릴 때부터 타고난 것이 아닐까 하는 생각을 했다.

나는 하고 싶은 일이 생기면 그걸 해야만 직성이 풀리는 사람이다. 그게 학창 시절에는 학원이나 과외 따위의 사소한 것들이었다. 하지만 지금은 뭔가를 배우는 것도 좋다. 가고 싶은 곳으로의 여행도 설렌다. 이렇게 좀 더 광범위한 것들이 되었다. 차이 정도만 있을 뿐 반드시 직접 경험하고 해봐야만 머리로 인정한다. 그래서 매우 많은 일을 벌인다.

내가 뭔가를 시작하려 할 때 주변 사람들은 늘 비슷한 소리를 한다. '돈 들여서 그런 것도 배워?', '그런 것도 해?', '별걸 다 하러 다니네.', '안 피곤해?' 등등… 그중 가장 많이 듣는 말은 바로 이거다.

"그거 배워서 뭐하게?"

뭔가를 배울 때 꼭 반드시 목표가 있어야 하는 건 아니다. 그리고 꼭 뭘 하려고 배우는 것도 아니다. 많은 경험은 내 삶을 원하는 방향으로 만들어 가는 발자취가 될 수 있다. 내가 어떤 걸 좋아하고, 어떤 것에 관심이 있는지 알려준다. 또 어떤 것들에 흥미가 없는지도 경험해 봐야 알 수 있다. 따라서 어떤 일을 시작하는 것이 꼭 뭔가 중요한 목표를 위한 수단일 필요는 없다. 그것이 좋든 나쁘든 혹은 나랑 맞든 안 맞든 일단 해보는 거다. 이 세상에 경험했을 때 쓸데없는 일은 단 하나도 없다. 그래서 뭐든 해보고 나서 결정하는 것이다. 먹고 죽어도 '고'를 외칠지, '스톱'을 외칠지 말이다.

사람들은 어떤 일을 시작하거나 뭔가를 배울 때 반드시 그 일을 완벽하게 해내야 한다는 강박을 가진다. 그리고 나는 이런 강박이 유독 심했던 사람이다. 너무 심해서 학창 시절 시험 기간에 위염을 달고 살았다. 그렇게 대학생이 되어서도 강박은 계속됐다. 이후 25살 때 다녀온 배낭여행을 기점으로 서서히 그것에서 벗어났다. 취업하고 나이를 먹으면서 심적으로 여유가 생겼고, 지금은 완벽하게 벗어난 것 같다. 우리는 이렇게 살면서 각자의 경험을 통해 강박이 강해지기도 하고 옅어지기도 한다.

강박을 깨기 위해 스스로 주문을 외쳐보자. 어떤 일을 할 때 그 것이 꼭 완벽할 필요는 없다. 누군가에게 보여주기 위해서가 아니다. 내가 행복하기 위해서다. 여러 가지 것들을 배우고 혹은 어떤 일을 하면서 그 시간을 충분히 즐겼다면 그 일은 기꺼이 해볼 만한 가치가 있는 일이다. 쉬운 마음가짐이다. 그럼에도 사람들은 오롯이 배움이라는 것을 즐기며 배움 그 자체를 본인의 것으로 만들기까지 오랜 시간과 노력이 걸린다.

글을 쓰다가 문득 우린 어렸을 때부터 이런 마음가짐을 갖기 힘든 환경에서 자라 온 것 같다는 생각이 들었다. 초등학생 때 음악 콩쿠르에 나가서 은상을 수상했던 경험이 있다. 생각해 보면 그 대회에서 상을 타든 못 타든 그건 그렇게 중요한 것이 아니었다. 피아노 연습을 열심히 하고 준비해서 대회까지 나갔다는 것만으로 충분히 칭찬받을 법한 일이었다. 그런데 내 머릿속에는 어린 시절의 내가 대상을 받지 못해서 속상해한 것이 더 선명하게 기억난다. 심지어 그때 콩쿠르에서 쳤던 피아노곡은 지금 칠 줄도 모르는데 말이다.

난타, 서양 미술사학 강의 듣기, 캘리그라피, 수제맥주 만들기, 성인 구몬학습지 배우기, 영어 회화학원 다니기, 일본어 배우기, 전화영어 수업, 블로그에 글쓰기, 브런치에 글쓰기, 야구장 가기, 축구장 가기, 베이킹수업, 꽃꽂이 수업 듣기, 동호회 만들기, 세계 다른 나라 사람들과 엽서 교환하기, 혼자 여행 가기, 친구랑 여행 가기, 수영, 서핑, 필라테스, 스쿼시, 기타, 책 쓰기 강의, 요가 수업, 복싱, 자전거, 헬스, 바디 프로필 찍기, 사주 명리학 수업 듣기, 프리다이빙 자격증 도전.

진짜 많기도 하다. 저 중에 지금도 계속하는 일들도 있고, 나와 잘 맞지 않아서 하지 않는 일들도 있다. 더 깊게 공부 중인 것들도 있고, 가끔 생각날 때 다시 해보는 것들도 있다. 해봤기 때문에 내가 할 것인지 말 것인지를 확실하게 결정할 수 있다. 내가 위에 나열한 것들을 해보지 않았다고 생각해 보자. 내가 어떤 걸 잘하는 사람인지, 어떤 걸 좋아하는 사람인지 알 수 없었을 것이다. 물론 뭔가를 배우면서 그것에서 재미를 찾기까지 일정 시간이 필요한 경우도 있다. 꾸준한 노력으로 어느 정도의 경지에 올랐을 때 재미를 느끼는 분야도 분명히 존재한다. 하지만 내가 말하고 싶은 건 애초에 그것을 할지 말지 고민하지 말라는 얘기다.

결국엔 아무것도 선택하지 않는 사람보다는 뭐라도 한번 해보기 위해 시도하는 사람이 더 잘 알 수 있다. 무엇이 나를 행복하게 만드는지, 내가 뭘 좋아하는지 말이다.

5

용두사미 예찬론자
용두용미를 외치다

"너는 왜 이렇게 끈기가 없니?"

어렸을 때 엄마의 이 말이 정말 듣기 싫었다. 물론 사실이라 할 말이 없었다. 정곡을 찌르는 말이라 그냥 듣기 싫었던 것 같다. 그래서 어렸을 때부터 끈기가 없다는 말은 나에게 약간의 콤플렉스처럼 마음 한구석에 늘 가시처럼 남아 있다.

용두사미(龍頭蛇尾) : 용의 머리와 뱀의 꼬리라는 뜻으로 시작은 용의 머리처럼 웅장하나 끝은 뱀의 꼬리처럼 빈약하기 그지없다는 속뜻의 사자성어.

인터넷에 '용두사미'를 검색해 보면 실생활 예시 글이 많이 나온다.[7]

그의 프로젝트는 아쉽게 끝이 났지만, 처음에는 열정적으로 시작했다.
그는 결과가 아쉽지만, 공부를 시작할 때는 열심히 한다.
그 작가의 소설은 결말이 아쉬웠지만, 소설의 시작이 참 흥미로웠다.

내가 대리 직급을 달고 있던 어느 날이었다. 전 직장동료 J가 물었다. "대리님은 뭘 그렇게 항상 열심히 하시는 거예요?" 머릿속이 번쩍했다. 저 질문에서 다른 단어들은 다 블러 처리가 되었다. 내 머릿속에 남은 단어는 "열.심.히"라는 세 글자였다. 위에서 살펴봤던 예시를 다시 한번 읽어보면 공통점이 있다. "열정적으로", "열심히 시작", "흥미로웠으나". 모두 열정과 열심이라는 단어가 시작의 기본 바탕이라는 점이다. 용두사미는 보통 부정적인 상황이나 뭔가를 제대로 이루지 못한 상황에서 많이 사용된다. 이는 "용두"보다 "사미"에 초점이 맞춰진 판단이 아닐까? 그래서 나는 "사미"가 아닌 "용두"에서 인사이트를 얻었고, 이날을 기점으로 나는 용두사미 예찬론자가 되었다.

---

7 https://lifeispain0404.tistory.com/685

그의 프로젝트는 아쉽게 끝이 났지만, 처음에는 열정적으로 시작했다.

그는 결과가 아쉽지만, 공부를 시작할 때는 열심히 한다.

그 작가의 소설은 결말이 아쉬웠지만, 소설의 시작이 참 흥미로웠다.

문장의 순서를 바꿔서 읽어보면 느낌이 조금 다르다. 아쉬운 결과가 있지만 그 시작과 과정은 괜찮았다는 내용으로 읽힌다. 우리가 일상에서 어떤 일에 열정적으로 몰입해서 푹 빠져드는 것은 결코 쉬운 일이 아니다. 다들 그저 그런 평범함 속에서 하루를 살아간다. 특별히 하고 싶은 일이 없는 사람도 많다. 집에서 TV를 보고 휴식을 취하는 게 삶의 낙인 사람도 있다. 만사가 귀찮아서 아무것도 하고 싶지 않은 사람도 있다. 세상엔 다양한 사람들이 있고, 모든 이들이 매사에 열과 성을 다하는 것은 아니다. 그럼에도 나는 어떤 일이든 '열정적으로' 할 수 있는 사람이다. 아직 나를 불태울 열정이 남아 있다. 새로운 뭔가를 보면 설레고 하고 싶은 것들이 남아 있다는 것만으로도 또다시 용의 머리처럼 진취적일 수 있다. 이런 게 나의 큰 장점 중 하나라는 사실을 너무 늦게 알아버렸다. 만약 지금의 내가 과거로 돌아가서 엄마의 질문을 다시 듣게 된다면 잘 이야기할 수 있을 것 같다.

"엄마, 나는 결과가 조금 미진하지만 뭔가 시작할 때 가슴이 벅

차서 터질 것 같은 열정으로 그 일을 마주해. 그리고 그 열정이 누구에게 견주어도 지지 않을 거라고 자신할 수 있어. 잘 마무리가 안 되면 좀 어때? 나는 새로운 일을 시작할 때의 두근거림을 절대 잊을 수가 없어."

그럼에도 이 이야기의 맹점은 결과가 아쉽다는 점이다. 내가 이렇게 마음먹는다고 해서 끈기가 없는 내 단점이 없어지는 것은 아니다. 그래서 나는 아이러니하게도 용두사미 예찬론자이지만, 내가 하는 일들이 용두사미가 되지 않도록 노력한다. 그래서 그 노력에 대한 노하우를 함께 공유하려고 한다. 그 방법은 바로 하려는 일에 대해서 많은 사람들에게 더 요란하게 알리는 것이다.

연기라고는 아무것도 모르던 내가 직장인 뮤지컬 프로젝트에 참여한 경험이 있다. 첫 수업에 참여하고 나서 주변 친구들에게 6개월 뒤에 있을 공연 날짜를 수없이 말하고 다녔다. 그렇게 뮤지컬 준비를 하던 중에 정말 못 해 먹을 것 같다는 생각으로 위기에 봉착한 적이 몇 번 있었다. 그러나 나는 그럴 때마다 꼭 공연을 보러 오겠다고 얘기했던 친구들을 떠올리며 참아냈다. 그리고 결국 무대에 올랐다.

이직하고 회사와 가까워지면서 출근 시간 전 아침 시간이 조금 여유로워졌다. 남편과 여행을 자주 다니면서 수영할 기회가 많이 생겼다. 수영을 할 일이 많아지면서 어렸을 때 배웠던 걸 다시 하고 싶었다. 좀 더 다듬어 여행을 가서 더 재밌게 즐겨 보기로 했다. 아침 시간을 이용해서 같이 수영장을 다니기로 했다. 수영장을 다니기 시작하면서 회사 팀원들에게 아침에 수영을 시작했다는 얘기를 일부러 더 요란하게 알렸다. 그렇게 이야기한 11월부터 벌써 5개월째 출근 전에 아침 수영을 하고 있다.

앞에 이야기들과 좀 다른 이야기를 해보려고 한다. 유럽 여행을 다녀온 후에 미술사에 잠깐 빠져있던 시기가 있다. 그때 미술사 공부를 해봤지만 나와 예술은 잘 어울리지 않는 것 같았다. 이런 얘기를 하면 '갑자기 미술사?'라는 반응을 할 거라고 생각됐다. 그래서 아무에게도 알리지 않고 혼자 공부했다. 그렇게 몇 달 동안 관련된 책을 읽어보며 공부하다가 흐지부지됐던 기억이 난다. 또한 역사 공부에 푹 빠져서 한국사 시험을 고민한 적이 있다. 그것 또한 굳이 '시험에 떨어지면 부끄럽기만 하지.'라는 생각으로 남들에게 말하지 않았다. 그리고 그렇게 책을 보다가 그만뒀다.

내가 하려는 일을 공공연하게 알리는 것은 빠져나가기 힘든 늪에 일부러 발을 집어넣는 행동과 비슷하다. 내가 반드시 그 일을 해내고 말아야 하는 이유를 하나 더 만드는 것이다. 사람은 본인의 다짐을 말로 내뱉으면 내뱉을수록 더 해내고 싶어진다. 경험상 내가 뭔가를 할 것이라고 요란하게 떠들어 댔을 때 그렇지 않은 경우보다 결과를 완성하는 경우가 압도적으로 많았다. 나처럼 열정이 용의 머리만큼 가득한 당신의 시작에 응원을 보낸다. 그리고 그 결과가 사미가 될지라도 나는 당신의 열정에 박수를 쳐주고 싶다. 그리고 당신의 열정을 동반한 수많은 시도가 용두사미가 아닌 용두용미로 끝나길 바란다.

6

평균이란 함정에
빠진 사람들

우리나라 사람들은 '평균'에 엄청나게 집착한다.

우리는 어렸을 때부터 '평균만 해라.'는 이야기를 듣고 자랐다. 그래서 삶의 기준이 내가 아닌 타인이 되어버렸다. 아이를 둔 엄마들은 평균적으로 다른 아이들이 얼마나 학원에 다니는지 궁금해한다. 대학생들은 다른 사람들의 평균 스펙을 알고 싶어 한다. 직장인이 되어서는 다른 사람들의 평균연봉이 얼마인지 묻고 다닌다. 왜 우리는 이렇게 다른 사람과 비교해서 나의 위치와 그 평균적인 수준을 궁금해하는 걸까?

정말 웃을 수도, 울 수도 없었던 일화를 하나 공유해본다. 행복에 대한 주제를 가지고 모임에서 이야기를 나눈 적이 있다. "당신은 얼마나 행복하세요?"라는 질문에 "보통 사람들이 얼마나 행복하면 행복하다고 하는 걸까요?"라고 되려 질문을 받았다. 내가 얼마나 행복한지 묻는 말에 대답이 다른 사람들의 평균적인 행복을 묻는 말이라니, 이게 무슨 어처구니없는 일인가?

평균에 집착한다는 말은 곧 다른 사람과 끊임없이 비교하고 내 현재 위치가 어디쯤인지 가늠하며 살아간다는 뜻이다. 나 역시 비교와 평균으로 가득 찬 대한민국에서 자랐다. 삶을 살아가면서 다른 사람과 비교하며 평균을 찾아간다. 그런 생각의 끝은 결국 항상 자괴감으로 끝난다.

작년에 국세청에서 발표한 직장인 평균연봉은 4,213만 원이라고 한다. 이 기사를 보고 내가 제일 처음 든 생각은 '아, 그래도 나는 평균보다는 많이 받네?'였다. 그리고 바로 연달아 든 생각은 '직장인 단어의 범위는 무지막지하게 넓구나?'였다. 1년 차 신입사원도 있고, 20년 차 부장님도 있고, 그룹사 임원도 있다. 그 사람들의 평균을 나와 비교해서 도대체 무슨 의미가 있겠나?

평균값을 나타내는 통계수치 가운데는 불가피하게 물타기가 되는 경우가 있다. 통계청의 가계조사에서 가구당 평균 사교육비 지출액이 그런 예다. 2006년 가계조사 결과를 보면, 가구당 월평균

사교육비(학원 및 개인 교습비)는 14만 원이다. 이 수치를 보고 "유치원생 한 명만 있어도 월 20만 원 이상 쓰는데 14만 원이란 통계를 어떻게 믿느냐."는 지적이 나오기도 했다. 하지만 가구당 사교육비 지출액은 자녀가 있는 가구만이 아니라 자녀가 없는 가구까지 포함해서 평균값을 낸 것이다. 통계청에 따르면, 도시근로자 가구 가운데 30%는 자녀가 없는 가구다. 자녀를 둔 가구의 월평균 사교육비 지출액보다 훨씬 적게 잡히는 게 당연하다. 이런 지표는 처음부터 물타기가 되어있음을 감안해야 한다.[8] 실제 통계에서도 이렇게 데이터가 물타기 된다. 하물며 우리의 인생은 얼마나 많은 변수와 각기 다른 상황을 마주하고 있는가? 그런데도 우리는 그 모든 예외적 상황을 고려하지 않고 단순한 평균값에 내 인생을 비교한다.

글의 서두에 우리나라 사람들이 평균에 집착한다고 말한 이유가 있다. 내가 아무리 그 기준과 시선을 바꾸려고 노력해도 세상에 팽배하여 있는 그 분위기를 거스르는 것이 쉽지 않다는 점을 이야기하고 싶었다. 아무리 많은 자기계발서를 읽고 에세이들을 읽어도 소용없다. 마음을 다잡기 위해서 노력하지만 바로 옆에 있는 직장동료가, 내 친구가, 가족이 이미 저 평균에 매몰되어 있다고 생각해 보자. 그것을 신경 쓰지 않으려 노력하는 내가 그들 눈

---

8   정남구, 『통계가 전하는 거짓말』, 시대의창, 2013

에는 이상한 사람처럼 보일 것이다. 내가 다짐한 마음은 모래성처럼 무너지고야 만다. 묵묵하게 나의 길을 가고 있다가도 어느새 옆을 보며 비교하게 된다. 평균 어딘가에 속해있는지 눈치를 보게 된다. 그리고 그 평균보다 앞서 나가면 마치 뭐라도 된 것처럼 으쓱해하기까지 한다. 이 기준에 대해서 불편함을 느끼면서도 나 역시 어느 정도의 객관적 사실이라는 생각을 받아들이고 있다. 주기적으로 올 수밖에 없는 이런 생각을 떨치기 위해 매일 보이는 곳에 이 문장을 적어놨다. '나의 속도로 천천히 꾸준하게'

개개인과 관련된 결정을 내려야 하는 순간이라면 평균은 쓸모가 없다. 우리 일상은 각자의 것이다. 내 인생과 삶을 평균화할 수 없다. 되려 남들과의 비교에 기반한 평균이 내 삶에서 가장 중요한 부분을 놓치게 만들 수 있다.

우리나라 속담 중에 '남의 떡이 더 커 보인다.'라는 말이 있다. 이 속담을 보면서 왜 내 손에 있는 내 떡을 맛있게 먹을 생각을 해야지 남의 떡을 쳐다보고 있나 싶지 않은가? 타인이 떡을 2개를 갖고 있든, 3개를 갖고 있든 쳐다보지 말자. 내 손에 있는 떡을 어떻게 하면 맛있게 먹을 수 있을지를 생각해 보자. 그깟 평균에 못 미치면 어떤가? 내가 행복하고 만족하는 삶을 산다면 그걸로 충분하다고 스스로에게 말해주자.

7

화학적 변화와
물리적 변화

고등학교 입학 후 첫 물리 시간. 물리 선생님이 정말 멋있다. 평소 좋아했던 과목이라 질문도 많이 하고 있다. 수업도 재밌는데 선생님이 좋아서 그런가? 물리 시간이 기다려진다. 선생님께 잘 보이고 싶은 마음이 가득했는데, 담임선생님을 통해 물리 선생님이 나를 보면 여고 시절에 친했던 친구 생각이 난다며 넌지시 내 얘기를 꺼내셨다는 말을 들었다. 정말 더 열심히 해야지. 1년 동안 최고의 모습만 보여드리고 싶다.

-2003년 3월 16일 일기 중

고등학교 1학년 과학 수업 중에 특히 물리를 좋아했던 기억이 난다. 문과로 진학하면서 과학이랑은 영영 다른 길로 이별했다.

하지만 고등학교 1학년 때까지 물리는 내가 좋아하는 과목 중 하나였다. 왜 물리를 좋아했을까? 아마 일상 속 수많은 상황이 물리와 연관되어 있기 때문인 것 같다. 놀이동산에서 좋아하는 놀이기구는 낙하운동과 위치에너지에 대한 내용, 진자운동, 원심력 등 다양한 물리 이론을 포함하고 있다. 평소에 이런 궁금증이 많은 사람인데, 일상에서 느꼈던 궁금한 점들은 대부분 물리와 연결되어 있었다. 그래서 관련 내용들을 확인할 때마다 마치 인생에서 정답을 하나씩 찾아내는 것 같았다.

1년 동안 함께했던 물리 선생님은 담백한 분이셨다. 수업 외에 다른 이야기를 많이 하시지도 않았다. 선생님의 카리스마에 떠드는 아이들도 없었다. 그 와중에 떠드는 친구들에게는 뒤로 나가라는 단호한 한마디와 눈빛으로 수업 분위기를 압도하셨다. 고등학교에 입학한 지 얼마 안 되는 시절, 일기장에 선생님이 너무 좋아 공부를 더 열심히 할 거라고 썼던 글은 꽤 그럴듯한 약속이 되었다(다른 과목보다 과학을 진심으로 대한 덕분에 좋은 성적을 받았다.). 그렇게 1년을 함께하고 마지막 수업 때 선생님이 해준 말씀이 있다.

화학적 변화란? 물질을 구성하는 원자 사이에 화학결합의 재결합으로 원래의 물질과는 전혀 다른 물질을 생성하는 변화
물리적 변화란? 물체의 외부 형상만 바뀔 뿐 내부적인 물질의 조성이 변하지 않는 변화

우리의 인생은 화학적 변화다. 지금까지 어떻게 살아왔던 그것과 상관없이 전혀 다른 새로운 미래가 펼쳐질 수 있다. 지금까지 근사하고 멋진 삶을 살지 못했다고 할지라도 본인의 노력 여부에 따라 미래는 지금까지와는 다른 모습으로 여러분을 기다릴 것이다. 삶이란 원래 가지고 있던 모습으로 되돌아갈 수 없는 것이다. 모두에게 똑같이 주어진 단 한 번의 기회다. 화학적 변화 같은 사람이 되거라. 지금까지 고등학교 1학년, 1년의 세월을 헛되게 보냈다고 후회하기보다는 지금 모습과는 전혀 다른 새로운 모습으로 바뀔 수 있다는 희망을 품고 생활하거라. 하지만 훗날 성공해서 멋진 사람이 되거든 생각만큼은 물리적 변화 같은 사람이 되길 바란다. 예전에 힘들었던 현실과 노력했던 시간과 겸손했던 마음을 잃지 말고 본연의 모습으로 돌아가려 애쓰는 멋진 사람이 되렴.

이 이야기를 일기장에 적어두었다. 한참의 시간이 지난 후 방 청소를 하다가 발견한 일기장에서 다시 읽게 되었다. 17살의 나는 뭔가 멋있는 이야기인 것 같고 좋아하는 선생님이 하신 말씀이니까 열심히 받아 적었던 것 같다. 저 이야기를 해 주셨던 물리 선생님의 나이 정도가 된 제자는 이제야 선생님이 해주셨던 저 말의 진짜 의미가 어떤 것인지 조금은 알 것만 같다(지금에야 와서 웃음이 나는 건 선생님이 저 말씀을 해주셨을 때 고등학교 1학년 시절을 헛되게 보냈을 거라는 전제를 하고 얘기하신 것 같다는 점이다.). 수년을 교단에 계시면서 얼마나 많은 학생들을 봐오셨을까? 그 모습은 후회 없이 알 차게 시간을 보낸 경우보다 그렇지 못한 경우가 훨씬 많았을 거다. 우리 반 역시 비슷했을 것을 짐작하셨기에 저런 말씀을 해 주셨던 것 같다. 초심을 지킨다는 것은 정말 어려운 일이다. 상황과 환경이 변하면 그 변화 속에서 이전과 같은 마음을 유지하는 것보다는 변하는 것이 더 쉽기 때문이다. 더 많은 것을 갖게 되고 지켜야 할 것이 많아지면 과거의 내가 어떻게 했는지를 기억하는 것보다 현재를 지키기 위해서 더 많이 노력한다.

벌써 12년 차 직장인이 되었다. 반복적인 일상에 익숙해지면 나태해지고 실수가 발생한다. 그냥 적당하게 타협하는 법을 깨닫기도 한다. 그럼에도 불구하고 우리는 처음의 그 마음을 유지하려고 노력해야 한다. 초심은 지금의 나를 만들어 준 근간이 되어 내가 힘들 때나 위기감을 느낄 때 중심을 잡아준다. 사회생활을 처음 시작했을 때의 나는 지금보다 분명히 더 열정적이었다(웃으며 돌이켜 생각해 보면 정말 지금보다 더 열정적이었는지는 의문이다.). 그 열정과 떨림을 잊지 않으려 한다. 일이든, 사랑이든, 우정이든 모든 관계 속에서 그 본연의 모습을 잘 유지하도록 스스로 물리적 변화를 하는 사람이 되자고 다짐한다.

삶은 내가 노력하고 움직인 흔적을 남기며 길을 뻗어간다. 뒤를 돌아보면 어떤 때는 똑바르게 걷기도 했고, 어떤 때는 걸음이 천천하기도 했다. 또 겨우겨우 끌면서 걸어온 길도 있다. 지금의 순간에서 앞으로 걸어갈 길은 내가 만들어 온 과거의 그것과는 전혀 다르게 만들 수 있다. 다가올 미래는 더 마음에 드는 길을 만들어 가면 되는 것이다. 짧게는 일주일, 한 달, 1년 그 켜켜이 쌓인 과거의 시간 더미와 앞으로 다가올 시간은 각각 다른 별개의 것이다. 과거에 내가 해 온 것과 앞으로 내가 할 것을 연결 지어 생각하며 좌절하지 않길 바란다.

기억하자. 사람은 물리적 변화로, 삶은 화학적 변화로.

8

하루하루 쌓아 올린
작심삼일의 기적

작심삼일(作心三日) : 단단히 먹은 마음이 사흘을 가지 못한다는
뜻. 결심이 굳지 못함을 이르는 말.

매년 1월 1일은 신정이다. 하루 차이지만 전날은 작년이고, 오
늘은 새해가 되는 희한한 날이다. 새 다이어리에 올해 이루고야
말겠다는 다짐들을 순서대로 잔뜩 적는다. 그리고 나서 이글이글
불타는 열정으로 대기를 타는 날이기도 하다. 휴일이기 때문에 집
에서 마음을 다잡고 진정한 새해 시작을 준비한다. 그리고 내가
잠들기 전에 항상 머릿속으로 생각하는 말이 있다. "1월 4일까지
는 무조건 한다."

앞에서도 말했듯 나는 우리 집에서 일 벌이기 대마왕이라는 별명을 갖고 있다. 내가 뭔가를 한다는 것에 가족들은 더 이상 놀라지도 않는다. 하지만 열정 가득한 마음으로 뭔가를 시작하는 힘은 있지만 끝맺음은 잘하지 못한다. 블로그를 개설해서 열심히 글을 써 보겠다고 다짐은 10번도 넘게 한 것 같지만 업로드된 글을 보면 쓰다 말다의 반복이다. 브런치에도 평소 좋아하던 야구에 대한 이야기를 시리즈로 써보겠다고 다짐했지만 깜깜무소식이다. 독일의 저명한 철학자인 쇼펜하우어는 "한 사람의 천성은 절대 변하지 않는다."는 절망적인 이야기를 했다. 우리는 살면서 많은 일을 겪으며 이 말이 뼈아픈 진리임을 잘 알고 있다.

끝맺음을 잘 못하는 게 천성인데 이 성격을 벗어날 수 없는 걸까? 하지만 나는 잔머리의 귀재다. 뭔가를 시작할 때 3일은 열심히 열정을 다해서 한다는 것을 깨달았다. 그리고 어느 날 머릿속에 번개가 치면서 번쩍하는 느낌을 받았다. 유레카! "작심삼일을 10번 하면 한 달, 120번 하면 1년이잖아?" 이렇게 "N 번의 작심삼일" 스킬을 찾아냈다.

올해도 1월2일 새벽 수영장을 가기 위해 집을 나서면서 남편에게 말했다. "자, 오늘부터 3일 동안은 일단 열심히 나가야지. 최소한 작심삼일은 해야지." 작심삼일을 반복한다는 꿀팁을 스스로 찾아낸 후 나는 왕왕 내 계획과 진행해 오는 과제들을 체크한다. '벌

써 10번째 작심삼일을 이뤘네.'

 사람들은 보통 계획이라는 단어는 엄청난 목표와 포부가 포함되어 있다고 생각한다. 뭔가 더 세부적으로 작성하던가, 큰 의미를 담고 있어야만 할 것 같다. 장기적으로 큰일을 이뤄야만 하는 것들을 계획이라고 부르고 싶어 한다. 하지만 점이 모여 선을 이루고, 선이 모여 면을 이루고, 면이 모여 도형을 이룬다. 24시간이 모여 하루가 되고, 그 하루가 모여 한 달이 된다. 한 달이 모여서 1년을 이루고, 그 1년이 켜켜이 쌓여 10년이 된다. 장기적인 계획에 앞서 단기적인 계획이 세워져야 한다. 단기적인 계획에 앞서 더 단기적인 계획, 그리고 그 계획을 수립한 후 직접 행동하는 것이 중요하다. '올해 운동을 꼭 제대로 한다.'라는 다짐보다 '내일 월요일부터 수요일까지 3일 동안은 꼭 헬스장에 나가야지.'라는 말이 더 달성할 가능성이 크다. 그리고 이 계획을 달성하고 또 달성하면 올해 운동을 제대로 하겠다는 계획이 잘 이뤄지게 되는 것이다.

 N 번의 작심삼일 스킬은 이렇게 짧고 단기적인 열정 부스터를 갖췄지만, 마무리가 잘 안되는 사람들에게는 동기부여가 된다. 이런 사람들에게 작심삼일을 이뤄내는 것은 누워서 식은 죽 먹기다. 단기적인 열정으로 3일쯤은 거뜬하게 넘길 수 있기 때문이다.

이 스킬은 또 한 가지 장점이 있다. 우리는 기계가 아니기 때문에 계획이나 목표를 수행하다 보면 쉬어가는 상황이 발생한다. 언젠가 친구들과 고삐 풀리게 놀다가 밤 12시가 다 되어 귀가했다. 샤워까지 마치고 정돈하고 침대에 누운 시간은 새벽 1시. 매일 오전 운동을 나갔지만 다음 날 아침 5시에 도저히 일어날 수 없었던 나는 쿨하게 아침 수영 수업을 빼먹었다. 이렇게 아침 운동 계획은 와장창 깨진 것일까? 그렇게 수영을 빠진 날 숨을 고르고 메모장에 적었다. '내일부터 다시 작심삼일!' 언제든 다시 시작할 수 있다. 그리고 다시 3일씩 내 다짐을 이뤄가면 된다. 잠시 쉬고 멈출 뿐, 내가 목표하고 다짐한 것은 깨지지 않는다.

고대 그리스의 철학자 에피쿠로스는 "못 가진 것에 대한 욕망으로 가진 것을 망치지 말라."고 했다. 나는 남들보다 열정적이다. 하지만 내가 가지지 못한 꾸준함이라는 능력을 늘 부러워했다. 좋은 장점을 갖고 있지만 스스로 단점을 더 부각해서 생각했다. 그로 인해 내가 가진 열정이라는 좋은 점까지 잃어버릴 뻔했다. 부러워하기만 한다고 해서 내게 저절로 주어지는 것은 아무것도 없다. 그래서 끊임없이 고민했고, 그 고민의 과정을 통해 N 번의 작심삼일 스킬을 찾아냈다. 꾸준함이 없어서 나처럼 고민인 사람들에게 말하고 싶다. 우리가 꾸준하게 뭔가를 수행하고 이뤄내는 사람들처럼 살 수는 없다. 하지만 "3일은 할 수 있잖아요." 일상을 잘 이뤄가기 위해서는 매일매일에 집중하고 오늘을 중요하게 여겨야 한다. 작심삼일이라는 단어가 주는 부정적인 느낌은 잊자. 적어도 3일은 마음을 다잡고 집중해 본다는 긍정적인 어감에 조금 더 포커스를 맞춰서 생각해 보자. 한번, 두번 작심삼일을 이뤄가면 어느새 그 계획은 내게 루틴이 되고 습관이 되어 목표를 이루는 나만의 스킬이 되어 있을 것이다.

제 3 장

12년 차 직장인 갓생러가 알려주는 직장생활 기술

1

안녕하세요,
회계팀입니다

"대리님, 안녕하세요? 좋은 아침입니다."

"팀장님, 안녕하세요. 제가 또 뭘 잘못했나요?"

인사만 했을 뿐이다. 우리 팀에서 먼저 메신저를 보내면 영 달 갑지 않은 느낌이다. 불편한 인사처럼 들리나 보다. "안녕하세요. 회계팀 김유리입니다." 이제 거의 로봇처럼 손과 입에 붙어있는 인사말이다. 나는 회사의 결산을 맡고 있는 회계팀에서 일한다.

2005년 겨울, 수능을 보고 지망하는 대학교에 원서를 넣기 시 작했다. "가군에서는 안정적으로 합격권이 가능한 이곳에 넣어야 겠다. 나군에서는 조금 상향해서 여기에, 다군에서는 조금 욕심을 부려도 괜찮겠어." 그렇게 H 대학교에 입학했고 세부 전공으로 회계학을 공부하게 됐다. 이것이 나와 회계의 첫 만남이다. 학부 시절 처음 만난 회계는 그 단어부터 낯설었다. 모르는 단어와 새로운 용어를 배웠던 회계 원리 수업에서 '내가 이해하고 있는 게 맞아?'를 수십 번 되새겼다. 그렇게 전공과목으로 처음 만난 회계원리를 시작으로 다른 회계 과목들을 들으면서 회계와 조금씩 가까워졌다. 회계 공부를 한 사람이라면 누구나 한 번쯤 도전했을 공인회계사 시험도 공부해봤다. 미련 없이 준비했고 대차게 낙방하긴 했지만, 시험 준비를 하면서 결국엔 회계와 더 떨어질 수 없는 사이가 되었다.

나는 모든 사람이 학부 시절에 전공했던 방향으로 직업을 정하는 줄 알았다. 생각해 보면 회사의 수많은 직무, 직군에서 전공이 필수적인 건 아닌데, 왜 그렇게 생각했는지는 잘 모르겠다. 아마도 내가 회계를 전공했고, 그걸 바탕으로 시험을 준비하고 또 취업의 단계로 자연스럽게 흘러왔기 때문이 아닐까. 다른 사람들도 나와 비슷할 거라고 생각했다. 20살 때 처음 본 회계원리 책을 시작으로 37살이 된 지금도 회계팀에서 일을 하고 있다. 햇수로 무려 18년 차다. 회계에 대한 이야기를 하면서 내가 회계와 함께한 시간이 이렇게 오래됐다는 사실에 놀랐다. 지금은 회계 그 자체가 너무나 일상이다. 회사에서 늘 하는 업무지만, 그 첫 시작을 거슬러 올라가 보면 20살 시절의 내가 있다. 회계를 공부하고 시험에 낙방하기까지 했는데 나는 어째서 회계를 업으로 삼게 됐을까? 그 처음은 성적에 맞춰 지원한 대학교와 전공이었다. 하지만 결국 나와 합이 잘 맞기에 공부를 계속하고 관련된 일을 하고 있다. 진지하게 생각해 볼 일이 없었는데, 글을 쓰면서 18년 동안 나에게 회계가 어떤 영향을 끼쳤는지, 또 어떤 생각을 갖게 했는지 깊이 생각해 봤다.

회계는 언어다. 회계는 숫자인데 무슨 뚱딴지같은 소리냐고 되물을 수 있겠다. 하지만 회계는 기업 실적을 숫자를 통해 말하는 언어다. 예를 들어 '회사에서 100만 원 현금을 주고 책상을 샀다.' 라는 문장을 회계적 언어로 표현하면 '차) 책상 100만 원 / 대) 현금 100만 원'으로 표현할 수 있다.

나는 이 회계적 언어에 매력을 느꼈다. 우리가 외국어를 잘하는 사람을 보면 멋있어 보이지 않는가? 외국어를 잘하는 게 매력포인트가 되는 것처럼, 회계 또한 하나의 외국어 같은 느낌으로 내게 다가왔다. 어느 회사에 다니든 회계를 공부한 사람들은 '차) 책상 100만 원 / 대) 현금 100만 원', 이 회계처리만 봐도 '회사에서 100만 원 현금을 주고 책상을 샀구나.'라고 이해한다. 같은 언어를 쓰는 사람 간에 소통이 되는 것이다. 해외여행을 가서 그 나라 언어로 유창하게 현지인과 대화하는 것을 꿈꾸는 것처럼, 회계도 나에게는 언어의 공부였다.

회계사 시험을 꽤 오랫동안 준비하다가 주변 친구들보다 조금 늦은 나이에 회사에 들어갔다. 처음 입사해서 맡게 된 업무는 경비 증빙을 나란하고 보기 좋게 정리하기였다. 회사 선배가 시험 준비를 하다가 취업을 한 사람들의 퇴사율이 높다고 말했다. 처음 맡게 된 업무들이 너무 하찮게 느껴져서 그렇다고 한다. 나를 뽑을 때도 회사에서 충분히 고민했을 법하다. 하지만 나는 막내로 입사해서 어떤 일을 맡더라도 그 모든 게 참 좋았다. 입사 전 시험 준비를 하던 학생 신분에서 어엿하게 직장인이 되었다는 사실에 으쓱했다. 학부 시절 과외나 카페 아르바이트를 해봤지만, 어떤 조직에 속해서 일원이 된 것은 처음이다. 사회생활을 하며 월급을 받는 직장인이 된 것은 이전의 경험과는 전혀 다른 느낌이다. 그 모든 것이 처음인지라 신입사원으로 입사한 회사생활 그 자체가 흥미로웠던 것 같다.

신입으로 회계팀에 입사했을 때 대체 뭐가 그렇게도 신나고 재미있었던 걸까? 내가 대학교 때부터 책과 글로 배우던 회계를 실제로 처음 맞닥뜨렸기 때문이다. 마치 영어를 처음 독학으로 배우고 나서 영어권 국가에서 처음 원어민에게 "Hi"를 말하는 것처럼 말이다. 교재에서 예시로만 보던 자료들이 실제 우리 회사의 숫자였다. 완전한 데이터로 확인되는 게 신기했다. 내가 정리하는 경비 증빙이 회사에서 꾸리는 살림의 일부분이라는 사실을 눈으로 보고 나니 전혀 하찮게 느껴지지 않았다. 그렇게 7년 동안 책으로

만 공부하던 회계와 직접 실제로 마주하게 됐다. 그 만남이 12년째 이어오고 있다. 대학생 시절 처음 공부할 때, 시험 준비를 할 때, 그리고 취업을 한 지금까지 함께다. 일을 하면 할수록 회계는 매력 있는 녀석이다. 물건을 살 때도 부가세를 납부하고 월급을 받아서 가계부를 쓰며 지출과 수입을 관리한다. 미리 어떤 물건을 사기 위해 저축하고, 혹은 미리 물건을 구매한 후 할부로 갚는다. 오랜 시간 함께하고 있기 때문에 많은 사람들이 회계를 보고 골치 아프고 어려운 것이라고 모함할 때마다 대신 항변을 해준다. 우리 일상 속 사소하고 많은 부분에 회계가 숨어 있다고 말이다. 그럼에도 불구하고 '회계(개)어려워!' 라고 단어가 읽힌다는 회사 동기들의 말에 많은 사람들은 더 공감하는 것 같다.

내가 속한 직장에서 일을 하게 된 이유, 그 시작에 대해서 곰곰이 생각해 보자. 어떤 계기로 나는 지금의 일을 업(業)으로 삼게 됐을까? 그 처음을 생각해 보면 지루한 업무가 반복되는 지금의 회사 생활도 두근거리는 설렘으로 시작됐음이 기억날 것이다.

맞아. 나는 이 일을 이렇게 시작하게 됐어.

2

회계팀의 돌연변이

"유리 팀장님은 제가 지금까지 봐온 회계 부서 사람들이랑은 많이 다른 것 같아요."

입사 후 연결산도 끝내고 새해의 1분기가 지났다. 직속부서인 회계팀은 대표님과 피드백 면담을 하게 되는데, 그때 대표님께서 하신 말씀이다.

이직 후 적응기를 거쳐 안정기에 접어들고 있다. 이제 자연스럽게 우리 회사라는 말이 입에서 나온다. 기계처럼 손이 기억하던 이전 회사의 사업자등록번호보다 지금 회사의 사업자번호가 더 익숙해지고 있다. 이직하고 약 1년의 시간이 지났다. 그 사이에 우리 팀에도 잘 적응했고, 타 부서 사람들과도 많은 소통을 했다. 나름 이직한 회사에 잘 적응하고 있다.

얼마 전 팀원이 "팀장님은 회계팀의 돌연변이 같아요."라고 하면서 회계팀 중에서 나 같은 외향적인 사람은 본 적이 없다고 말했다. 그 얘기를 들으니 자연스럽게 입사 전 2차 면접장이 떠올랐다.

나는 이직의 경험이 전무했기 때문에 2차 면접을 앞두고 10여 년 전 처음 회사 면접을 볼 때만큼 떨렸다. 어린이날을 앞둔 목요일 오후 면접장에 들어갔던 기억이 생생하다. 면접장에 들어가기 전에 인사팀에서 면접관들에 대한 안내를 받았다. 1차 면접을 함께 봤던 인사팀장님과 재무실장님 그리고 대표님이 계실 거라고 했다. 심호흡하고 들어간 면접장에서 대표님이 환하게 웃으며 맞이해주셨다. 이전 직장도, 지금 직장도 모두 여자 대표님을 만났다. 사실 여성 CEO가 많아졌다고는 하지만 흔한 세상은 아니다. 그럼에도 나는 운 좋게도 커리어를 유지하며 성장해 나가는 거울처럼 바라볼 수 있는 여성 리더를 만났다. 으레 면접이라고 하면 자기소개는 필수 코스다. 자리에 앉아서 물을 한 모금 꼴깍 삼키고 자기소개를 한 후 자연스럽게 성격에 대한 질문이 이어졌다.

"유리 씨는 본인 성격이 어떤 것 같아요?"

"자기소개를 할 때 회계팀에서 일한다고 하면 사람들이 늘 놀랐던 것 같습니다. 본인들이 생각하는 회계팀의 이미지와 제가 사뭇 다른 느낌이기 때문이 아닐까 싶습니다."

이 말은 200% 사실이었다. 운동을 배우거나 새로운 모임에 참여하는 등 모르는 사람과 처음 만나는 기회가 생겼을 때 내가 회계팀에서 일한다고 말하면 모두가 의아해했다. 그럴 때마다 나는 왜 의외라고 생각이 드는지 물어봤고, 그들은 "회계하는 사람 같지 않아요."라고 입을 모았다. 회계하는 사람의 이미지는 어떤 걸까? 내 얼굴에 침 뱉기 같지만, 주변에 물어보니 뭔가 깐깐할 것 같고, 대하기 어렵고, 빡빡하면서 숫자에 집요할 것만 같은 느낌이 있다고 한다. 사실 나 역시도 이 말에 공감이 된다. 업무에 임할 때의 내 모습도 저 어딘가에 있을 것이 분명하기 때문이다. 하지만 기본적으로 사람을 좋아하고 지독하게 외향적인 나는 웃으면서 빡빡하고 밝으면서 어려운 회계팀 사람이 되었다.

회계팀은 업무적으로 드러나는 것을 좋아하지 않고 묵묵하게 일을 하는 게 당연한 부서다. 하지만 평소 눈에 띄는 걸 좋아하고, 앞에 나서는 걸 좋아하는 관종인 나는 마치 다른 자아가 한 몸에 공존하는 것처럼 보인다. 내가 열심히 하는 일인데 그 부서 같지 않다는 건 무슨 의미일까? 라고 고민을 했던 시기가 있다. 그러나 곧 이것은 내 강점이 될 수 있음을 깨달았다. 앞서 말했듯 결국 회계팀은 꼼꼼할 수밖에 없고, 타 부서에 싫은 소리를 하는 일이 많다. 굳이 말하지 않으면 당연히 규정대로 흘러가는 것이고, 뭔가 말을 하게 되면 안 된다는 말을 많이 하게 되는 입장이다. 그렇지만 이렇게 커뮤니케이션하는 순간에 웃으면서 이야기를 할 수 있는 사람이다. 그리고 웃으면서 이야기하기 위해서는 타 부서와의 커뮤니케이션이 무엇보다 중요하다. 다들 사람인지라 같이 밥 한 번 먹고, 커피 한 번 먹어 본 사람과의 대화와 그렇지 않은 사람과의 대화는 그 시작부터 결이 다르다. 그래서 나는 입사 후 1년 동안 많은 타 부서 사람들과 소통을 하기 위해 노력했다. 다소 내향적인 팀원들과 타 부서가 자연스럽게 대화할 수 있는 자리를 만들었다. 팀원들도 다행히 그런 내 노력에 잘 응답해 주고 있다. 그로 인해 회계팀에 대한 이미지가 내가 입사하기 전보다 더 오픈되고, 타 부서와 원활하고 유연하게 커뮤니케이션이 이뤄진다는 이야기를 듣고 있다.

회사 내의 가장 음지에서 일하는 부서가 회계팀이 아닐까? 관리부서는 묵묵하게 당연히 해야 할 일을 하는 부서다. 매출이 잘 발생할 수 있도록 지원하고 서포터하는 역할을 맡는다. 하지만 나는 회계팀이 음지에서 일할지언정 쉴 때는 양지에 가서 숨을 쉬고 싶다. 잘 드러나지 않는 일을 하지만, 내 존재감을 회사에서 반짝반짝 빛나게 하리라. 이런 회계팀의 돌연변이도 뼛속까지 회계팀인지라 바뀔 수 없는 부분이 있다. '1원' 단위에 집착하는 변태에,

ERP와 각종 서류 문서에서 증빙과 맞는지를 검토하고 규정에 대해 꼼꼼하게 체크한다. 원칙과 규정에 맞지 않은 상황을 받아들이지 못하고 마음속으로 고질라가 되어 하루에도 수십 번 불을 내뿜고 있는 것이 부정할 수 없는 회사에서의 내 모습이다. 직장에서 내가 해야 하는 역할과 업무에 대해서는 완벽하게 책임감을 느끼고 처리하되, 사람들이 규정하는 이미지에 매몰되어 그 선입견에 굳어지지 말자. 회사에 있는 수많은 직원 중 직원 1이 아니라 나는 김유리다.

3

다람쥐가 되어
쳇바퀴를 돌려돌려

매월 1영업일 월 마감을 시작한다. 월 마감을 하는 회사는 1영업일이 제일 바쁜 시기다. 나는 지출결의서를 마감 기한에 맞춰 올려달라는 전사 공지 메일을 보낸다. 실무자들은 각자 맡은 부서의 매출과 매입, 판매관리비를 처리하느라 정신이 없다. 월 결산에 반영될 내역들을 체크해서 3영업일이 되면 손익 마감을 하고 보고를 한다. 그리고 10일까지 누락된 것들과 기한 후 처리되는 내역들을 확인한 후 최종 숫자를 마감한다.

신기하게도 연간 휴일은 대부분 월초에 몰려있다. 삼일절, 어린이날, 현충일, 설날, 추석 등. 요즘은 징검다리 휴가로 회사에서 휴가 권장을 많이 한다. 하지만 월 마감으로 바쁜 회계팀에겐 그저 부러운 그림의 떡일 뿐이다. 이렇게 매월 반복되는 월 마감을 3개월 하고 나면 분기 마감을 한다. 우리 회사는 상장회사가 아니라 별도 분기 감사나 공시는 없지만, 분기 마감 후에는 부가세 신고를 한다. 그렇게 4분기까지 마치고 나면 12월이 지나고 결산 시즌이 온다. 회계팀의 1월은 지옥과도 같다. 월마다 마감했던 숫자들이 제대로 들어갔는지 연 단위로 확인해야 한다. 우리처럼 외부 감사를 받는 회사는 감사에서 지적 사항이 나오지 않도록 최대한 많은 것들을 미리 준비하고 대비해야 한다. 미리 보고를 다 해놨는데 회계감사에서 큰 이슈가 발생해서 손익이 틀어지면 낭패다. 감사 후 감사보고서와 세무조정계산서가 나오고 외부 공시가 되고 법인세까지 납부하면 1년 농사가 끝이다. 그리고 또다시 새해 농사를 짓는다. 회사에서 가장 루틴하게 업무 스케줄이 반복되는 부서 중에 하나인 회계팀은 큰 이슈가 없으면 열심히 일을 잘하고 있는 부서라고 표현한다.

경력직으로 입사한 지금 회사에 입사하고 얼마되지 않아 직책자 워크숍을 갔다. 저녁 회식 자리에서 어디서나 으레 그렇듯 처음 보는 얼굴에 대한 환영 인사가 이어졌고, 건배사까지 맡게 됐다.(여담이지만 회사 생활 12년 차지만 나는 이 건배사가 지금도 제일 어렵다. 뭔가 새롭고 획기적인 건배사로 시선을 사로잡고 싶은데 반짝이는 아이디어라고는 없는 회계일을 하는 사람이라 뭘 해도 잘 안 되는 분위기가 참 싫다.) 그때 이런 말을 했다.

"어느 회사든 회계팀이 눈에 띄고 도드라지면 그 회사는 이상한 회사라고 생각합니다. 묵묵하게 맡은 일을 잘 처리하고 회사살림을 잘 맡아서 꾸려보겠습니다."

맞다. 회계팀은 이런 부서다. 반복되고 지루한 일상을 다람쥐 쳇바퀴 돌린다는 표현으로 많이 묘사하는데, 회사에서 남들이 보기에 쳇바퀴를 제일 열심히 돌리는 다람쥐들이 바로 회계팀이다. 남들이 보기엔 특별할 거 하나 없어 보이는 부서, 외근도 없고 사무실 책상에 앉아 모든 업무시간을 내근업무에 집중하는 재미없는 부서, 그런 부서 말이다.

하지만 남들이 보기에는 지루하고 갑갑해 보이는 쳇바퀴 같은 현실일지라도 나는 퍽 마음에 든다. 평소 새로운 시도를 좋아하고 해보고 싶은 것들이 많은 성향이다. 하지만 업무에 관해서는 전혀 다른 모습을 보여준다. 직장에서의 나는 꽤 보수적인 편이다. 회계업무는 예외 없이 정해진 회계기준에 따라 처리되어야 한다. 직원이 출장을 가서 사용한 비용을 어떤 때는 출장비에 반영하고, 어떤 때는 광고비에 반영하는 일 따위는 불가능한 것이다. 이렇게 정해진 기준과 규칙이 명확하게 있는 업무를 좋아하기 때문에 회계팀에서 오래 일을 하고 있는 것 같다. 그래서 나는 내가 굴리는 쳇바퀴가 신나는 놀이기구 같다.

20살 때 선택한 전공을 시작으로 회계를 업으로 삼게 됐다. 나처럼 별 고민 없이 직장을 선택한 경우도 있겠지만, 미국의 저명한 심리 상담사인 존 크럼볼츠는 80%의 성공한 커리어 형성은 우연한 계기로 만들어졌다는 계획된 우연 이론을 이야기하기도 했다. 사실 어떤 직업명을 특정해서 갖고 있는 경우가 아닌, 평범한 직장생활을 하는 사람들은 원하는 회사, 원하는 직무가 100% 딱 맞아떨어지는 경우가 흔치 않다. 원래 성격은 매우 내향적이지만 대면으로 영업을 하는 사람도 있을 것이고, 전공으로 중국어를 배웠지만 전혀 상관없는 마케팅 업무를 하는 사람도 있을 것이다. 아마도 나 역시 자연스럽게 회계일을 하게 되지 않았다면 평소 성격상 쳐다도 보지 않았을 가능성이 크다. 눈에 띄기 좋아하고, 사람들이랑 스킨십을 좋아하는 내 성격상 회계일은 따분하고 재미없는 일로 보였을 테니까 말이다.

평소의 나와 직장에서의 나는 같지만 다른 존재다. '나는 무엇이 되고 싶은가?'와 '나는 무엇을 하고 싶은가?'라는 물음은 완전히 별개의 사고방식인데.[9] 직장에서는 내가 무엇을 하고 싶은지 생각해 보자. 그리고 내가 무엇이 되고 싶은지는 일상에서 찾는 것은 어떨까? 쳇바퀴를 열심히 반복해서 돌리는 회계팀 팀장 다람쥐 역할이 꽤 잘 맞는다. 회사에서 하고 싶은 일은 반드시 우리

9   야마구치 슈, 『어떻게 나의 일을 찾을 것인가』, 김영사, 2021

부서의 손을 타야 하지만, 묵묵하게 뒤에서 일하는 것이 좋다. 타 부서에서 열심히 벌어 온 것들을 모으고 모아서 결과물로 완성하는 이 회계 업무를 계속하고 싶다. 하지만 직장에서 벗어나서는 내가 어떤 사람이 되고 싶은지 매일매일 고민하고 또 생각한다. 이렇게 나를 둘로 나눠서 생각하기 때문에 매일 돌리는 쳇바퀴가 지루하고 재미없는 것이 아니라 재밌는 어트렉션처럼 느껴지는 게 아닐까 싶다.

4

겸손은 미덕(美德)이 아니라
미덕(未德)이다

중국 전국시대에 공자의 뒤를 이어 유학을 발전시킨 사상가 맹자가 있다. 그는 사람의 본성에 대해 말했다. 그중 겸손하여 타인에게 양보하는 마음인 사양지심(辭讓之心)에 대한 이야기가 있다. 하지만 회사생활을 하다 보면 겸손이 마냥 아름다운 것(美)만은 아님을 깨닫게 된다. 심지어 덕이 아니라는(未) 생각까지 든다.

어느 회사든 회사에서는 돈 벌어오는 부서의 힘이 세기 마련이다. 광고회사였던 전 회사에서는 광고를 집행하는 마케팅 부서의 파워가 하늘 같았다. 지금 회사는 운영본부가 힘이 세다. 회사의 업종과 어떤 일을 하느냐에 따라서 부서마다 파워는 다양한데, 변함없이 이리 치이고 저리 치이고 뒤처리는 있는 대로 다 하면서 나서지 못하는 부서가 바로 회계팀이다. 이전 회사에서는 매년 송년회에서 레인메이커를 선정해서 시상했다. 레인메이커란 비가 내리도록 기원하던 미국 인디언 주술사를 지칭하는 말에서 유래된 단어로 조직이나 회사에 이익을 가져다주는 사람을 말한다. 10년을 다녔으니 10번의 레인메이커 수상자들이 있었다. 그 10년 동안 딱 한 명의 레인메이커 수상자가 소감을 얘기할 때 회계팀을 언급했다. 성과를 내는 부서가 아니다 보니 으레 그런 노고를 칭찬하는 자리에서 회계팀은 들러리가 되기 마련이다. 여느 때와 마찬가지로 테이블에서 팀원들과 가벼운 대화를 하면서 송년회 행사에 참여하고 있었다. 수상자가 "늘 복잡한 정산과 이슈에 잘 대응해 주신 회계팀 분들도 감사합니다."라고 말을 하는 순간, 우리는 모두 놀란 토끼 눈이 되어 버렸다. (이후 해당 부서에서 업무 요청이나 협조가 오면 팀원들이 한동안 웃는 얼굴로 "아, 이 팀은 인정이죠." 라며 즐거운 마음으로 일을 했던 기억이 난다.)

회사에서 분기마다 프로젝트 발표대회가 있다. 여러 부서에서는 분기마다 자신들의 업적과 성과를 뽐낸다. 고객과의 관계에서 실적을 낸 부서도 있고, 회사 내부에서 좋은 성과를 낸 사람들도 있다. 입사한 지 얼마 안 됐을 때 몇 번의 발표는 가볍고 재밌는 마음으로 참관했다. 감탄도 했고, 본업 외에 다양한 업무들을 수행하는 사람들에 대한 존경도 있었다. 그런데 이번 분기 발표에서는 서운함과 섭섭함이 가득했다. 프로젝트 발표를 할 때 해당 프로젝트마다 참여자들을 적고 기여도를 부가적으로 작성한다. 그런데 이번에 발표했던 9개의 프로젝트 어느 곳에도 회계팀의 이름은 없었다. 그 모든 프로젝트가 회계팀의 의견 혹은 자문이나 업무 도움을 받았음에도 말이다. 회계팀의 손을 타지 않은 프로젝트가 단 하나도 없었다. 하지만 발표에서 수상소감을 말하는 그 누구도 회계팀에 대해 언급하지 않았다. 그렇게 발표를 마친 후 평소 가깝게 지냈던 해당 프로젝트 담당 B 팀장님과 마주치게 됐다. 농담 반 진담 반으로 "팀장님, 너무 섭섭하던데요?"라고 하니, 갑자기 그게 무슨 소리냐고 머리에 물음표를 잔뜩 띄우며 물어본다. B 팀장님은 내 이야기를 몇 마디 듣더니 바로 내 서운함을 알아챈 모양이다. 무슨 말인 줄 알겠다며 나중에 이야기하자고 멋쩍게 자리로 돌아갔다.

신입사원 때 K 과장님과 매출채권 관련 자료를 리뉴얼했던 적이 있다. 한 달 정도 보고서를 썼다 고쳤다 반복했다. 그렇게 최종 버전으로 완료된 자료를 보고하게 됐다. 그리고 그 보고 기안에서 과장님의 코멘트는 10년이 넘은 지금도 명확하게 기억난다. "A 자료는 김유리 사원이 작성한 자료입니다. 매월 보고 드리도록 하겠습니다." K과장님처럼 내가 한 업무에 대해서 잘한 부분을 명확하게 짚어주는 상사가 생각보다 흔치 않다. 부하직원이 작성한 보고서와 파일을 그대로 이름만 바꿔서 자기가 한 것처럼 올리는 상사가 널리고 널렸다는 일화를 보면서 생각한다. 내가 첫 상사를 정말 잘 만났다고 말이다. 또한 세상의 모든 사람이 이렇게 알아서 내가 해준 일을 기특하다고 평가해 주는 것이 아님을 깨달았다.

회사에서 겸손은 뭣도 아니라는 생각을 하게 된 또 하나의 계기는 팀장으로의 승진이었다. 직책자가 아니었을 때는 내가 하는 일을 상사에게 인정만 받으면 됐다. 업무를 할 때 실수를 지적받은 적이 있긴 하지만, 손이 빠르고 일을 곧잘 한다는 평가를 받아왔다. 그래서 나는 할 일만 묵묵하게 열심히 잘하면 상사가 그런 나의 노력을 잘 알아주고 평가해 주는 곳이 회사라고 생각해 왔다. 그런데 직책자가 되니 일반 사원일 때와는 전혀 다른 경험을 하게 됐다. 회사 안에도 수많은 조직이 있고, 수많은 부서가 유기적으로 얽혀있다. 여기서 팀장이라는 직책의 역할은 우리 팀이 얼마나 일을 잘하고 있는지 위에 드러내야 하는 부분도 가지고 있는 것이다. 내가 우리 팀에서 잘한 점과 팀원들의 노력을 드러내지 않는다면 그 누구도 이 노력과 능력을 알아봐 주지 않는다.

직장은 그야말로 정글이다. 이런 정글에서 팀장이 되면서 내가 먹여 살려야 하는 내 새끼들을 품게 됐다. 그리고 이 아이들을 얼마나 잘 품어가며 성장시키는지가 나의 또 다른 과업이 된 것이다. 그래서 나는 연말 평가에서도 팀원들에게 이야기한다. 내가 얼마나 열심히 일했고 이룬 것들이 많은지를 끊임없이 표현해야 한다고 말이다. 부서 특성상 가만히 드러내지 않아야만 회사가 잘 돌아가고 있다는 시그널이지만, 결정적인 순간에는 내 업무와 하고 있는 일을 드러내야 한다. 정글에서는 가만히 있으면 여러 맹수의 먹잇감이 되기 십상이다.

5

단호한 대리에서
말랑한 팀장으로

"대리님, 지금 제가 7번째 똑같은 말을 하고 있는데 이해는 하신 거예요?"

평소 똑같은 상대방에게 했던 말을 반복해서 앵무새처럼 말하는 상황을 별로 좋아하지 않는다. 1차로 상대방이 내 말에 귀를 기울이지 않았다고 느껴진다. 2차로 원하면 원하는 대로 내가 그 말을 반복해 줘야 하는 사람은 아니라는 생각 때문이다. 그럼에도 불구하고 회계팀은 똑같은 말을 여러 번 하는 상황에 시시때때로 놓인다. 광고대행사 대리 직급 때 마케팅본부 직원들과 실무적으로 커뮤니케이션이 많았다. 업무를 하면서 이전에 물어본 적이 있는 내용을 반복해서 물어보는 요주의 인물들이 있었다. 나는 사소한 기억력이 좋은 편인데, 이 기억력이 이런 사람을 기가 막히게 걸러내 줬다. 전화로 관련 업무를 물어볼 때 살짝 갸웃하며 이전 메일을 검색해 보면 동일한 내용의 질문이 무조건 있다. 백발백중이다. 그렇게 실무를 했을 당시 머릿속에서 잊히지 않는 마케팅본부 L 대리와의 일화가 있다.

당시 내 주 업무는 매체(유튜브, 네이버 등)에서 온 광고비를 정산하는 업무였다. 매체에서 광고를 집행하면 집행한 광고비의 일정 % 만큼 수수료를 주는데, 이게 광고대행사의 매출이다. L 대리는 본인이 운영 중인 A 광고주의 광고비에 매체에서 정해진 %를 곱해서 수수료 금액을 적은 후 회계팀에 전달하는 업무를 진행해야 했다. 그런데 이 파일값이 매번 틀리는 것이다. 예를 들어 100만 원 광고를 집행한 후 매체 수수료가 15%라면 15만 원을 파일에 적어서 보내주면 되는데, 그 금액을 제대로 맞춰서 준 적이 없었다. 첨부하는 증빙은 200만 원인데 엑셀 파일은 100만 원이라든지, 수수료는 20%라고 쓰여 있는데 실제 값은 15%에 해당하는 금액을 적어준다든지 가지각색으로 오류를 만들어 왔다. 오죽하면 '이 사람이 내가 일을 제대로 하고 있나 확인하려고 일부러 틀린 파일을 보내나?'라고 생각할 정도였다. 비슷한 내용들로 수없이 에러가 반복됐다. 마침내 어느 날 참지 못하고 물어봤다.

"대리님, 대체 왜 그러시는 거예요? 진짜 이렇게까지 한 말을 또 하고 또 하게 만드는 분은 대리님이 처음이에요."

반복되는 업무 안내도 힘들었지만, 더 화가 나는 건 수 없이 발생하는 (규정에 맞지 않는) 예외 사항이었다. 회사에서는 어디에 살더라도 11시까지 야근을 한 사람들에게는 택시비를 지원했다. 거리와 상관없이 택시를 타고 영수증만 첨부하면 야근 교통비 처리가 됐다. 막내 직원이 넘긴 전표를 검토하던 중 평균 2만 원 이내면 충분히 갈 수 있는 거리인데 택시비가 5만 원이 훌쩍 넘는 영수증을 발견했다. 관련 내용에 대해서 확인하던 중 해당 본부 K팀장과 커뮤니케이션을 하게 됐다. 야근하고 택시가 잘 안 잡혀서 팀원들이 카카오블랙 택시를 탔단다(카카오블랙은 일반 택시의 2~2.5배 비싼 요금으로 벤츠, 아우디 등 고급 승용차로 택시 서비스를 이용할 수 있는 시스템이다.). 너무 황당해서 이유를 물었더니, 카카오블랙을 타면 안 된다는 회사 규정이 없었다고 대답했다. 지금 생각해도 어처구니가 없다. 당연히 회사 규정에 어긋나기에, 맞지 않아 처리가 어렵다고 딱 잡아 말했다.

회사에서 규정은 회계적으로 리스크를 최소화하기 위해 만들어진 것이다. 마땅히 지켜야만 한다. 나는 정말 단호박 같은 사람이었다. 안 되는 것은 절대 안 되는 것이 맞다고 생각했다. 그렇게 실무를 하면서 위에 팀장님, 부장님, 본부장님이 합의하여 처리되는 예외 사항들을 잘 이해하지 못했다. 왜 지키지 않은 것들에 예외까지 두면서 배려를 해주시는 걸까? 의문만 잔뜩이었다. 그렇게 대리, 과장급을 지나 팀장이 된 지금, 과거의 실장님이 시야가 넓어질 거라고 하셨던 말씀의 의미를 알게 됐다. 회사는 학교가 아니다. 회계팀은 맞고 틀리고 채점하는 부서가 아니다. 회사라는 조직에서 타 부서와 협업하여 유기적으로 움직이는 팀인 것이다.

다른 부서의 팀장들과 커뮤니케이션을 하며 여러 고충을 들으면서 현업부서가 업무를 함에 있어서 항상 정해져 있는 규칙과 틀대로 움직이는 건 어렵다는 것을 깨달았다. 모든 것에 예외사항이 발생할 수밖에 없는데, 그 예외 사항이 수용가능한 경우와 그렇지 못한 경우가 있을 수 있다. 그때 수용할 수 있는 경우, 규정에 맞지 않다 하더라도 용인하고 처리하게 의사결정이 가능한 입장에 놓이니 과거의 내 상사들이 떠올랐다. 그렇게 실무를 할 때는 단호하던 내가 경력이 쌓이고 직책자가 되면서 조금은 말랑하고 유연해짐을 느낀다.

지금도 팀원들한테 이야기한다. 실무를 하는 당신들은 규정에 맞춰 단호박이 되어도 좋다고. 회사의 숫자를 다루는 우리 팀에게는 중요한 부분이기 때문에 그 태도가 맞는 것이라고 말이다. 타 부서와 말랑하고 유연하게 커뮤니케이션을 해서 그들의 입장과 우리 팀의 역할을 조율하는 것은 팀장인 내가 해야 하는 일이다. 지금도 변하지 않는 진리로, 현업부서에서는 어떤 문서든 숫자만들어가면 회계팀을 찾는다. 숫자가 하나라도 들어가면 그 이유로 회계팀에 헬프를 외친다. 이럴 때 말랑하게 커뮤니케이션할 수 있는 능력이 나도 모르게 연차가 쌓일수록 체득되어 간다.

6

무두절은
언제나 즐거워

무두절(無頭節) : 회사에서 직장 상사(頭)가 없는 날. 직장 임원들과 팀장들이 휴가나 출장을 갔을 때 부하직원들이 자유롭게 업무를 볼 수 있는 날을 말하며, 부하직원들의 어린이날이라 불리고 있다.

나의 첫 과장님이자, 팀장님이자 실장님인 K 선배가 있다. 이직 후 지금도 봄이 오면 봄을 좋아하고 봄바람을 느끼던 선배가 생각나고, 생맥주를 보면 선배 생각이 난다(10년을 넘게 직장 상사와 부하직원으로 일하다가 회사를 벗어나 언니, 동생으로 함께하자고 했지만 아직도 호칭이 '실장님', '언니' 중구난방이다.). 퇴사 후 개인적으로 연락을 지속할 정도로 K 선배를 아주 좋아한다. 업무적으로도 늘 일을 잘

한다는 칭찬을 받아온 배울 점이 많은 분이다. 이런 K 선배와 회사에서 함께할 때 아이러니한 기분이 들었던 적이 있다. 회사에서 K 선배가 나를 크게 혼내거나 질책한 적이 없다. 업무적으로도 늘 나에게 매너 있게 소통하셨다. 그런데 팀장이 되고 나서 언젠가부터 K 선배가 휴가를 가면 마음이 편해짐을 느낀 것이다. 주변 사람들이 모두 알 정도로, 그 당시 '실장님 바라기'던 나는 이 기분이 대체 뭔지 당황했던 기억이 있다. 그래서 '아, 상사를 좋아하는 나도 이렇게 무두절에는 마음이 편한데 상사를 싫어하는 사람들은 무두절에 춤을 추고 싶겠구나.'라고 생각했다.

이직을 하고 나서 지금은 대표님 직속부서에서 일하고 있다. 휴가를 가려면 대표님께 결재 기안을 올려야 하는데, 어마어마한 부담감이 든다. 회계팀은 사실 마감, 손익기간이나 이슈가 발생했을 때를 제외하고 대표님과 직접적인 업무 접점이 크지 않다. 또한 업무의 독립적인 부분을 많이 인정해 주신다. 우리 대표님은 성격이 시원시원하시다. 나는 멋진 여성 CEO인 대표님을 정말 좋아한다. 그럼에도 불구하고 재밌는 건 대표님이 외부 일정이나 워크숍 등으로 자리를 비우셔서 무두절이 되면 괜스레 마음이 편해진다는 점이다. 이런 내 마음을 곱씹어 생각해 보면서 팀장 직책에서 팀원들의 입장을 객관화해 볼 수 있다. 내가 휴가를 가면 팀원들이 마음속으로 "오 예스~ !!"를 외치겠구나.

2022년 우리나라 근로자의 노동시간은 OECD 회원국 중 5위나 되지만 노동생산성은 OECD 평균의 70%밖에 되지 않는다. 근무시간에 비해 생산성이 현저히 낮은 조사 지표를 보면 직원들이 오래 일하면서 효율적으로 일을 못 한다는 것이다. 스웨덴 사회학자 로랜드 폴슨은 '공허 노동'이라는 정의를 통해 관련 내용에 대해 설명했다. 폴슨이 스웨덴 근로자들을 대상으로 연구한 바에 따르면, 근로자들은 하루 평균 2시간가량을 인터넷 서핑이나 메신저 잡담 등의 공허 노동에 사용했다고 한다. 주변에서 살펴보면 흡연자들이 담배를 피우려 올라가는 횟수도 하루에 대여섯 번이 되고, 그 시간만 합쳐도 한 시간이 훌쩍 넘어간다. 사실 공허 노동은 직장생활에서의 도덕적 해이를 표현한 다른 말이다. 도덕적 해이는 경제 용어로 법과 제도적 허점을 이용하여 자기 책임을 소홀히 하거나, 집단적인 이기주의를 나타내는 상태나 행위를 말한다.

언젠가부터 "적게 일하고 많이 버세요."라는 말이 직장인들 사이에서 덕담처럼 전해지고 있다. 나는 이 말이 썩 유쾌하지 않은 인사로 들린다. 우리나라는 근면, 성실하게 열심히 일하는 것으로 선진국 대열에 들어섰다. 그런데 언젠가부터 열심히 일하는 건 미련하고 바보 같다는 프레임을 씌우고 있기 때문이다. 앞에서 말한 직장에서의 도덕적 해이로 공허 노동시간을 늘려서 적게 일하고 많이 벌라는 인사를 할 게 아니라 "열심히 일한 만큼 정당하게 보상받으세요."가 제대로 된 덕담이 아닐까 싶다. 그래서 나는 팀원들에게 늘 회사에서 일하는 동안 열심히 최선을 다해서 일하고, 야근을 지양하자고 말한다. 내가 받는 월급만큼 밥값은 하는 사람이 되어야 한다고 생각한 내 신념에 기초한 말이다.

사실 회사에서는 점심시간 1시간을 제외하면 8시간을 근무한다. 이 시간 동안 과연 직장인들은 얼마 동안 일에 집중하겠는가? 회사에 있는 8시간을 통으로 업무에만 사용하는 사람은 없을 거라고 확신한다. 화장실을 가거나 물을 마시러 가든지 혹은 커피를 사러 가든지 여유시간은 분명히 존재한다. 정도의 차이이지 직장에서의 딴짓은 필수 불가결한 것이다. 열심히 일해야겠다고 마음을 먹어도 여유시간은 생기기 마련이다. 처음부터 작정하고 놀자판으로 가는 마음과 자연스럽게 생기는 휴식 시간은 전혀 차원이 다른 이야기다. 무두절은 이런 관점에서 자연스럽게 생기는 방학 같은 느낌이 든다. 열심히 일하겠다고 마음먹고 있지만, 보이지 않게 나를 누르고 있던 압박(pressure)이 일시적으로 사라지고 몸이 가벼워지는 걸 보면 말이다.

7

사생활(事)과
사생활(私)과 사생활(社)

고대 철학자 아리스토텔레스는 어떤 행동이나 가치에 있어서 지나치게 부족하거나 과도한 것이 아니라 적당한 중간지점에 있는 것, 즉 균형을 유지하는 것이 중요하다고 이야기하며 중용이라는 단어를 정의했다. 직장생활을 하면서 가장 중요한 한 가지를 꼽으라면 바로 이 중용이다.

회사를 세 가지 관점에서 생각해 보자. 첫 번째로 일이 모이는 회사(會事), 두 번째로 개인이 모이는 회사(會私) 그리고 마지막으로 우리가 기존에 알고 있는 회사(會社)다. 직장생활은 이 세 가지 관점이 모두 어우러져 있다. 서로 떼려야 뗄 수 없는 관계이기에, 이 모두에서 꼭 필요한 단어가 바로 중용이다. 그래서 이 각각의 사

(事)생활, 사(私)생활, 사(社)생활에서 이 단어가 어떻게 중요하게 표현되는지 말해보려고 한다.

먼저 첫 번째의 일이 모이는 회사(會社)생활에 대한 이야기를 해보자. 직장에서 일을 잘해야 함은 당연하다. 기본적으로 직원으로서 갖춰야 하는 역량이다. 누구도 일을 잘 못하는 직원을 팀원으로 두거나 상사로 두고 싶지 않다. 그럼 일을 잘한다는 것은 어떤 것일까? 우리는 일 잘하는 직원이 되고 싶지만, 정작 그 일을 잘한다는 것에 대한 개념을 설명해 보라고 하면 모두가 머뭇거린다. 사(事)생활에서의 중용은 명확하게 해야 하는 일에 대해 아는 것을 인지하고 행동함을 말한다. 해야 하는 일을 알고 있는 사람은 그에 맞춰서 업무를 수행한다. 일을 잘하기 위해서 교육을 받고, 스킬을 익히고, 독서를 하고, 자기 계발을 할 수 있다. 하지만 그런 역량을 갖추는 노력 이전에 회사에서 내가 해야 하는 업무에 대해서 명확하게 인지하고 넘치지도 부족하지도 않도록 잘 조율하는 사람이 바로 일을 잘하는 사람이다. 성장하기 위한 노력은 칭찬받아 마땅하지만, 상사에게 지시받은 업무나 내가 평상처럼 처리해야 하는 업무를 제대로 인지하지 못하면 회사 생활은 삐거덕거리기 마련이다. 과거 팀원에게 보고서에 들어갈 이야기를 하며 작업을 요청한 적이 있다. 보고서의 목적과 해당 데이터가 어떻게 반영될지 충분한 설명을 마친 후 기한이 되어 자료를 확인했다. 메일을 보면서 첫째, 내가 업무에 대한 설명을 제대로 못 했는지 의

심했고 둘째, 작성된 데이터를 어떻게 사용해야 하는지 궁금했다. 해당 직원을 불러서 내가 어떤 자료를 요청했는지 되물었다. 우물쭈물하던 팀원이 해당 파일명을 읊었다. 그리고 그 데이터가 어떻게 사용되는지 다시 한번 물었지만, 여전히 대답이 시원찮았다. 그 직원은 자기가 하는 업무가 명확히 무슨 일인지 제대로 파악하지 못한 채 업무를 수행했다가 이 사달이 난 것이다.

두 번째의 개인이 모이는 회사(會私) 생활에서의 중용은 사(私)생활에 대한 오픈이다. 직장생활을 하다 보면 어쩔 수 없이 사생활이 공개되는 경우가 생긴다. 요즘은 덜한 편이라고 하지만, 같은 팀에서 일을 하다 보면 사생활에 관한 이야기를 묻지 않을 수 없다. 이때 중요한 태도는 어느 정도까지 오픈할 것인지 본인만의 중용을 정하는 것이다. 회사에 놀러 온 것도 아니고, 친구를 사귀러 온 것도 아닌데 굳이 사생활을 오픈할 필요가 있나 싶은 사람도 있을 것이다. 하지만 일이라는 것도 결국 사람이 하는 것이고, 그 사람들이 모이다 보면 서로에 관한 얘기가 자연스럽게 나오기 마련이다. 그래서 어느 선까지 내 사생활을 공개할 것인지 고민하고 신중해야 한다. 나 같은 경우는 평소 말하는 것을 좋아해서 내 이야기를 하는 것에 별로 거리낌이 없다. 사생활에 관한 이야기를 많이 하는 편이다. 나와 비슷하다면 크게 고민 없이 그냥 하고 싶은 이야기를 하면 된다. 하지만 그렇지 않았을 때 어떤 내용까지 말해야 하고, 어떤 내용을 말하지 않을지 고민이 될 수 있다. 그런 경우 나에게 플러스(+)요소가 될 만한 것들은(취미, 일상생활 등) 이야기하되, 마이너스(-) 요소가 될 만한 것들은(이직, 부업, 커리어전환 등) 이야기하지 않는 것도 하나의 팁이 될 수 있다.

마지막으로 기존에 우리가 알고 있는 회사(會社)라는 조직에서의 사(社)생활의 중용은 평판(reputation)이다. 독일의 철학자 니체는 자신에 대한 평판 따위는 신경 쓰지 말라는 말을 했다. 인간이란 항상 옳은 평가를 받는 것은 아니기 때문이다. 자신의 평판이나 평가 따위에 지나치게 신경 써서 괜한 분노나 원망하는 것은 어리석은 일이라고 말했다. 하지만 우리는 여기서 '지나치게'라는 단어를 집중해서 볼 필요가 있다. 과하게 타인의 평가에만 매몰되어 본래의 자신을 잃어버리는 것은 지양하지만, 회사에서는 적절한 선에서 타인이 바라보는 평가가 매우 중요하므로 신경을 쓰지 않을 수 없다. 포드 자동차의 설립자 헨리 포드는 '앞으로 할 행동으로 평판을 쌓을 수 없다.'는 말을 남겼다. 평판은 지금 회사에서뿐만이 아니라 이직하는 경우에도 꼬리표처럼 따라다닌다. 레퍼런스 체크는 회사에 지원한 사람에 대해 이전 직장에서의 인식 및 태도에 관해 확인하는 과정을 말한다. 구직자로서 회사에 대한 정보를 체크하는 것처럼, 회사에서도 평가하는 것이다. '내 할 일만 잘하면 되지 뭐.'라고 당당하게 외치는 사람들도 있지만, 결국 회사라는 조직은 사람들과 부대끼는 조직이기에 타인의 시선을 완전히 무시할 수 없다.

〈악마는 프라다를 입는다〉라는 영화에서 주인공 앤드리아는 1년 동안 온갖 수모와 모멸감을 견디며 미란다의 비서직을 수행한다. 미란다는 뉴욕 최대의 영향력 있는 패션 매거진의 편집장이다. 1년 뒤 다른 회사의 구직자가 된 앤드리아의 평판 요청에 미란다는 "그녀는 나에게 큰 실망을 안겨준 비서이다." 라는 문장으로 앤드리아에 대한 좋지 않은 평가를 했지만, 마지막에 "그녀를 채용하지 않으면 당신은 큰 실수를 하는 것이다."라는 최고의 찬사로 마무리했다. 이렇듯 적절한 평판을 유지하는 것이 사(社)생활에서 중요한 부분이다.

8

이직과 스테이

"요즘 한 직장에서 10년을 넘게 다니는 게 쉬운 일은 아닌데 어떻게 이직하게 된 거예요?"

2023년은 나에게 큰 변화가 있던 해였다. 2013년 처음 입사했던 회사에서 퇴사하고 새로운 회사로 이직했다. 이직 소식에 가족을 포함한 주변 모든 사람이 하나같이 말했다. "유리, 너는 이전 E 회사에 평생 다닐 것 같았는데!" 지금은 평생직장의 개념이 없어졌다. 20년, 30년 정년을 채우고 은퇴했던 부모님 세대와는 다르게 이직과 퇴사가 자유로워졌다. 주변 친구들만 살펴봐도 이직을 경험해 본 친구들이 그렇지 않은 친구들보다 월등하게 많다. 이직하면서 연봉을 올리기도 하고, 더 좋은 업무 환경의 회사를 찾아가기도 한다. 몇 년간 일하면서 찾아온 번아웃을 해결하기 위해 여행을 떠나는 경우들도 있다. 이직이라는 단어도 입사와 동시에 많은 회사원들이 자연스럽게 머릿속에 생각하는 단어가 됐다. 내가 E 회사에 다닌 10년 동안에도 꽤 많은 동료와 상사들이 입·퇴사를 했다. 그럼에도 내가 10년 동안 같은 자리를 지키며 일을 할 수 있었던 것은 두 가지 이유 때문이다.

첫 번째는 과장님으로 처음 만났던 내 롤모델 K 선배와 영원한 부사수 J 프로 때문이다. K 선배는 내가 회사에 입사하기 훨씬 전부터 E 회사에 입사한 7~8년 차 직장인이었다. J 프로는 나보다 1년 정도 뒤에 입사해서 쭉 나와 함께 일했다. 그사이에 중간중간 다른 팀원들이 들어왔다 나갔다 했지만, 우리 셋은 그렇게 9년 넘는 시간을 같은 공간에서 일했다. 회계팀은 매월, 매년 루틴한 업무가 반복되고, 이슈 사항을 팀 내 공유하며 업무적인 고충을 함께 나눈다는 특성이 있다. 우리는 매월 반복되는 마감과 매년 진행되는 연결산을 함께하며 우리만이 공감할 수 있는 동료애가 쌓여갔다. J 프로가 겪는 막내 시절의 고충은 나와 K 선배도 이미 겪어 온 그것이기에 마음으로 위로해 주고 공감해 줄 수 있었다. 신입 팀장이 되어 팀원들을 리딩하는 어려움을 겪는 나에게 K 선배는 그가 느끼고 경험한 것들을 아낌없이 조언해 줬다. 그렇게 우리는 서로의 발자국을 따라가고 뒷모습을 바라보며 수년의 시간을 함께할 수 있었다. 사람들이 퇴사를 고민하는 경우에 공통으로 해주는 조언이 있다. '일이 힘든 것은 참을 수 있지만 사람이 힘든 건 못 견딘다.' 직장생활을 해 본 사람들은 한 번쯤 이 말을 들어 봤을 것이다. 나는 사람 때문에 힘들었던 경험은 없지만, 사람 때문에 힘이 되어 회사 생활을 수월하게 해낼 수 있었던 케이스다. 사람 때문에 이직하지는 않았지만, 사람 때문에 회사에 남아 있었기 때문이다.

회계팀은 내 윗사람이 퇴사하지 않으면 새로운 업무를 맡을 수 없는 부서 특징이 있다. 그래서 함께 오래 일하면서 합을 잘 맞추면 수월하고 좋다는 장점이 있지만, 업무에 욕심이 많고 새로운 업무를 하고 싶은 경우 그 업무적인 욕구를 충족하기 어려운 단점이 있다. 이런 이유로 나는 회계팀의 경우 리더의 역할이 매우 중요하다고 생각한다. 팀원들의 역량을 향상시켜 줄 수 있도록 외부 교육이나 업무의 범위를 확장하는 등 많은 고민을 해야 한다. 나는 이런 부분을 K 선배를 통해 배웠다. 인간 대 인간으로 결이 맞는 것은 물론, 회사라는 곳은 업무 능력을 키워야 하고 일을 하기 위해 만난 곳이기에, 그에 맞는 리딩을 해주는 좋은 사람을 만난 것이다.

내가 오랜 시간 E 회사에서 있을 수 있었던 두 번째 이유는 회사가 나의 가치를 인정해 주고 있다는 확신이다. 나는 운이 좋게도 내 업무능력을 인정해 주고 좋은 방향으로 피드백해 주는 상사를 만나서 인원 변동 없이 쭉 한 팀에 있었다. 그로 인해 자연스럽게 회사에서도 내 가치를 인정해 주고 있음을 느꼈다. 직장인이 본인의 가치를 확인받을 방법은 승진이나 연봉 등 여러 가지가 있다. 그렇게 나는 우리 부서가 돈을 벌어오는 부서는 아니지만, 회사에서 묵묵하게 일하는 중요한 부서로 대접받는다고 생각했다. 빛이 나는 부서는 아니지만, 다른 부서와 회사가 빛을 낼 수 있게 유기적으로 연결되어 있다고 믿었다.

나에게는 사람과 인정 그 두 개의 가치가 한 회사에서 오랜 시간 동안 있을 수 있었던 원동력이었다. 어떤 이에게는 그 가치가 연봉일 수도, 혹은 워라밸일 수도, 기업의 규모일 수도 있을 것이다. 예전보다는 훨씬 개인마다 중요하게 생각하는 그 가치가 다양해졌기 때문에 나의 가치로 타인을 판단하는 일은 어리석다. '아니, 그 연봉을 받으면서 왜 이직해?' '야근도 안 한다면서 왜 이직해?' '나 같으면 그냥 다니겠다.'의 말을 쉽게 할 수 없는 것이다. 그래서 회사로 인해 스트레스를 받고 이직을 고민하는 사람은 나의 가치가 무엇인지 고민을 할 필요가 있다. 직장생활을 하면 할수록 내가 어떤 점을 견딜 수 없는 사람이고, 어떤 점에서는 의외로 초연한 사람인지 알아가게 된다. 평소라면 이런 부분을 참을 수 없을 것 같은데 회사에서는 쉽게 넘어가기도 한다(그래서 직장에서의 나와 일상에서의 내가 같은 사람이 아니라는 이야기를 앞에서도 한 적이 있다.). 이 가치가 확실하게 정해지면 오히려 이직해야 하는 타

이밍과 기준이 명확해진다. 바로 이 가치가 무너지는 순간이다.

나의 경우는 두 번째 가치가 깨지는 순간 이직을 결심했다. 회사에서 묵묵히 오랜 시간 변하지 않고 일하던 나의 가치를 후려치는 사건이 발생한 것이다. 나는 군소리 없이 회사에서 정한 바를 가장 잘 따르던 사람이었다. 회사가 잘 나갈 때나 어려울 때 그 굴곡에도 묵묵히 맡은 바를 열심히 해 왔다. 하지만 그게 회사 입장에서 어떤 대우를 해도 회사에 남을 사람이라고 인식한다는 점을 알게 됐고, 그 순간 더 이상 이곳에서 내가 일을 할 수 없음을 깨달았다. 이직을 결심하고 여러 상위 직책자와 면담했다. 10년을 넘게 일한 내가 회사를 그만두겠다고 말하니 당연히 상사들은 당황했다. 그리고 그 이유를 궁금해했고 나는 주저 없이 이야기했다. 회사에서는 뒤늦게 무어라도 해보려고 이런저런 방법을 제시했지만, 애초에 그런 방법들로 협상이 될 것이었다면 말도 꺼내지 않았을 것이다. 결정과 결심에는 후회가 없어야 한다. 그렇게 이직하게 됐고, 이 경험을 통해 나는 또 다른 나만의 가치를 재정립하는 중이다.

이직과 퇴사가 자유롭고 회사 생활에도 정답은 없는 시대라고 한다. 하지만 그만큼 나의 기준점은 명확해야 한다. 잠자는 시간을 제외하고 하루의 절반을 보내는 회사에서의 생활에 어떤 기준조차 없다면 타인에 의해 내 삶이 좌지우지되고 한없이 흔들릴 가

능성이 크다. 결국 내가 회사를 잘 다니기 위해서는 나의 가치가
흔들림이 없어야 한다.

제 4 장

원하는 삶을 살기 위한
인간관계 노하우

생일 축하합니다

1년 중에 제일 행복한 날은 내 생일이다.

언젠가부터 생일을 앞두면 가슴이 두근거렸다. 00시가 되자마자 웃음이 가득하다. 일 년에 한번뿐인 내 생일. 태어난 날을 의식하면서부터 그 하루에 의미 부여를 하기 시작했다. 학생 때부터 등교길에 흙탕물을 밟아도, 버스를 놓쳐도 기분이 좋았다. 지금도 출근 길에 마을버스를 놓쳐도, 지하철에 사람이 많아도 계속해서 웃음이 난다. 이유는 간단하다. 그저 생일이기 때문이다. 스무 살 때는 생일에 이 사람 저 사람을 불러서 축하를 받았다. 알음알음 사람들을 모아 밤 늦게까지 생일파티를 핑계삼아 술자리를 벌였다. 그 외에도 다양한 모임들로 생일 주간을 꽉 채웠다. 그렇게 생일이라는 단순한 이유로 만남의 기회를 만들었다. 30대가 되면서 부터는 주변 사람들이 생일에 무덤덤해졌다. 그저 365일 중 하루 정도로 생각하고 넘기는 사람들이 많다.

요즘은 전 국민이 사용하는 카카오톡 메신저에서 생일인 친구를 알려준다. 친구 목록에서 그 달의 생일자의 알림이 뜬다. 조금만 관심을 기울이면 생일을 앞둔 주변 사람들을 확인할 수 있다. 나는 이 카톡의 생일 알림 기능을 적극 활용하는 편이다. 생일자 리스트에서 마음이 반가운 친구들에게 고민하지 않고 연락한다. "생일 축하해!"

학생 때는 일상이 늘 친구들과 함께였다. 대학 생활을 떠올려보면 친구, 선후배와 캠퍼스를 함께 돌아다니던 기억뿐이다. 같이 학식을 먹고 학교행사에 참여했다. 과방에서 시시한 농담을 하며 시간을 보냈다. 같이 술을 마시고 놀만한 갖가지 이유를 찾아가며 함께할 자리를 만들었다. 모든 순간을 함께한 동기들은 시간이 지나면서 자연스럽게 멀어졌다. 몇몇은 군대에 가고, 일부는 휴학을 했다. 신입생 때는 모든 것을 같이 했던 동기들과 단체로 전공수업에 들어갔다. 하지만 학년이 올라가면서 대부분의 수업을 혼자듣게 되었다. 그러다가 아는 선후배가 한두명 수업에 있으면 그렇게 반가울 수가 없었다. 자연스럽게 사람들과 함께하는 시간은 줄어들고 일상을 공유하던 사람들이 사라졌다. 그리고 그 공허함이 내 일상이 변해감을 알려준다. 취업하고 나면 매일 만나던 친구들과 한 달에 한두 번 만나는 것도 힘들어진다. 대학교 친구와의 관계가 이 정도다. 그 외 고등학교 친구들, 혹은 모임에서 만난 사람들과의 관계는 더욱 소원해지기 쉽다.

하지만 인간관계를 유지하는 건 중요한 일이다. 사람과의 관계가 상황과 환경에 의해 멀어지는 건 자연스럽다. 하지만 그 인간관계를 전혀 신경 쓰지 않는다면 삶이 너무 건조해진다. 자신에게 진심을 보이는 사람도 없고, 신뢰하는 사람도 없다면 삶이 고단하고 힘들어진다. 실의와 좌절에서 손을 내밀어주는 사람은 꼭 필요하다. 실패하고 넘어져 있을 때 등을 다독여 주는 사람이 없다면 다시 일어설 용기가 나지 않는다. 자신의 의지도 중요하지만, 인간관계에서 형성된 유대는 보이지 않는 든든한 밧줄이 된다. "천만금은 쉽게 얻을 수 있어도 친구는 얻기 어렵다."라는 속담이 있다. 친구를 사귀려면 반드시 적극적인 마음이 있어야 한다. 주도적으로 행동하지 않으면 절대 다른 사람과 접점이 생길 수 없다.[10] 나는 단 한마디 인사로 기꺼이 그 유대감의 끈을 맺을 수 있는 방법으로 생일 축하 인사를 건네는 것을 권하고 싶다.

모든 사람은 생일이 특별한 날임을 알고 있다. 하지만 살다 보

---

10   무천강, 『하버드 100년 전통 인간관계 수업』, 리드리드, 2024

니, 회사를 다니다 보니, 바쁘다 보니 그 생일의 특별함을 살짝 옆으로 미뤄놨을 뿐이다. 내게 너무나 특별한 이날을 누군가가 알고 축하해 준다는 사실만으로도 상대방에게 고마움이 느껴진다. 선물을 주든 주지 않든 그건 다른 문제다. 그저 "생일 축하해. 오늘 하루 행복했으면 좋겠어." 한마디가 필요하다. 이 인사말 하나로 상대에게 우리 관계를 다시 한번 좋은 이미지로 상기시킬 수 있다. 우리는 매일 연락하는 것이 힘들다는 것을 안다. 자주 볼 수 없는 나이가 된 것을 모르지 않는다. 그럼에도 상대가 잘되길 바라고 응원해 주는 사람이 세상에 존재한다는 사실만으로도 그의 하루가 특별해질 수 있다.

사회생활을 하고 나이를 먹으면서 서로의 관계를 유지하는 것이 얼마나 힘든 일인지 서로 잘 안다. 하지만 똑같은 감정을 느끼더라도 같은 환경에서 노력하는 사람과 가만히 있는 사람은 시간이 지날수록 사소한 부분에서 차이가 나는 법이다. 멀어지고 다소 소원해지는 사람 관계를 그대로 바라만 보고 있는 사람이 되고 싶은가. '나이를 먹으면 원래 다 그런 거야.'를 반복하며 그렇게 내 주변의 사람을 흘려 버릴 것인지, 아니면 그럼에도 '나는 너에게 좋은 일이 있다면 함께 기뻐하고, 슬픈 일은 함께 슬퍼해 줄 수 있는 사람이야.'라는 메시지를 상대에게 던져주는 사람이 될지는 선택의 문제다.

일상에서 뭔가를 주체적으로 한다는 것은 생각보다 꽤 어려운 일이다. 내가 원하는 회사에 들어가는 것도 내 마음대로 100% 할 수 있는 것이 아니다. 직장동료들 또한 내가 고를 수 없다. 애초에 태어날 때부터 가족은 내가 원하는 대로 선택할 수도 없다. 하지만 내 인간관계는 내가 주체적으로 할 수 있는 몇 안 되는 것 중 하나다. 내가 원하는 사람과의 관계를 적극적으로 만들 수 있다. 나를 힘들게 하는 사람과 관계를 멈출 수도 있다. 인생을 주체적으로 살지 않으면 소소한 행복을 잃어버리게 된다는 누군가의 말처럼 적어도 내 주변에 인간관계는 내가 먼저 움직여 보자.

너무 오랜 시간 연락을 하지 않아 어색한 사이일 수도 있다. 혹은 엊그제 연락을 주고받은 친구가 될 수도 있다. 그 어느 쪽이든 상관없이 기분 좋게 축하하며 행복과 안녕을 기원해 주자. 당신을 응원하는 존재가 있다는 것을 알리는 좋은 매개체로 생일을 이용하는 방법이다.

인간관계 법칙 I
(20:80 파레토법칙)

20:80 법칙. 19세기 이탈리아의 경제학자이자 사회학자인 빌프레도 파레토(Vilf redo Pareto)가 개미를 관찰하여 개미의 20%만이 열심히 일한다는 것을 발견하고 이를 인간 사회에 적용시킨 법칙으로 파레토법칙(Pareto's law)이라고 한다.

세상만사 천태만상이라고 했다. 경제학 수업에서 시험공부를 위해 외웠던 파레토법칙은 다양한 일들을 법칙으로 규정지었다. 이 얼마나 대단한 일인가 싶다. 사회에서 부의 독식에 대한 이야기나 마케팅에 대한 이야기 등 이 법칙이 적용되는 수많은 사례가 있다. 나는 이 20:80 법칙을 인간관계에 적용해도 잘 맞아떨어진다는 이야기를 하고자 한다.

넓게 펼쳐지는 스펙트럼 같은 사람의 인간관계를 살펴보면 그 중 20%는 나와 지속해서 연락을 하며 서로에게 영향을 끼치는 사람들이다. 그리고 나머지 80%는 내 인생에 그리 큰 영향을 끼치지는 않는다. 그럼에도 불구하고 우리는 그 20%보다 80%에 더 집중하려는 경향이 있다. 핸드폰을 열고 카카오톡에 몇 명의 친구가 등록되어 있는지 살펴보자. 여기서 내가 한 달에 한 번이라도 안부를 묻는 친구는 몇 명인가?

나는 186명의 친구가 리스트에 등록되어 있다. 어떤 이유로든지 한 달에 한 번이라도 카톡을 주고받는 친구는 30명이 조금 넘는다. 연 단위로 보면 조금 더 많은 인원과 커뮤니케이션할 것이다. 하지만 평소 일상에서 내 삶에 영향을 주는 사람들은 그리 많지 않다. 내 주변에서 친구라는 범주로 묶인 사람들 중에서 20% 정도만이 지속적으로 나에게 영향을 끼치는 거다. 실제로 내 주변의 인간관계에서 나와 긴밀하게 커뮤니케이션하는 사람들은 내가 생각하는 것보다 적은 수치다. 여기서 또 생각해 볼 점은 나에게 영향을 끼치는 20%가 모두 긍정적인 영향만을 끼치는 것은 아니라는 점이다. 나와 커뮤니케이션을 하는 사람 중에는 긍정적인 영향을 주는 사람과 부정적인 영향을 주는 사람이 섞여 있다. 그래서 나는 내 인생에 큰 영향을 끼치지 않는 80%의 사람들에게 집중하기보다 20%의 사람들에게 집중하는 것을 권한다. 모든 일에는 선택과 집중이 필요한 법이다. 그 20%의 사람을 긍정적인 영향을 끼치는 사람들로만 가득 채우기에도 시간이 너무 부족하다. 말은 쉽다. 하지만 행동으로 실천하는 것은 결코 쉽지 않다는 것을 잘 알고 있다.

"코끼리를 생각하지 마세요." 영화 〈인셉션〉에서 나온 유명한 대사다. 미국인 작가인 사이먼 올리버는 "How to Stop Holding Yourself Back(자신을 억누르는 것을 멈추는 방법)"이라는 강연에서 이 유명한 대사에 대한 내용을 이야기했다. 인간의 뇌는 부정의 개념을 모른다. 코끼리를 생각하지 말라고 하면 머릿속으로 코끼리를 저절로 떠올리게 된다. 뭔가를 할 때 마음속에서 부정을 하면 오히려 그 부정을 강조하는 효과만 나온다. 나에게 영향을 주지 않는 사람들을 무시하자고 생각하면 더 의식이 되기 마련이다. 뫼비우스의 띠 같다. 무시하려고 하면 더 신경이 쓰인다. 그래서 이 당연한 인간의 특성을 강제로 깨부수는 내 경험을 공유하고자 한다.

과거 인스타그램에 들어가 보면 다른 사람들이 올리는 피드 중에 유독 거슬리는 사람의 피드가 있었다. 으레 인스타그램을 '자랑 스타 그램', '나 행복해요 그램'이라고 한다. 기본적으로 자랑은 당연히 깔고 간다. 다들 본인이 행복하게 잘 살고 있음을 알리는 수단으로 활용한다. 하지만 자랑도 정도가 있어야지 않은가. 또 불만과 불평 혹은 힘든 마음을 표현할 수도 있는 장소다. 그렇지만 그것 또한 정도가 있어야지. 내 기준으로 정도를 넘어선 사람이 있었다. 인스타에 들어갈 때마다 그 사람의 피드를 보면 스트레스를 받았다. 기분 좋게 다른 것들을 보다가 기분이 나빠질 정도였다. 그가 쏟아낸 불평은 내게 그대로 전이됐고, 나를 불편하게 했다. 그래서 나는 과감하게 그 사람의 피드를 숨겨 버리기로 결심했다. 그 사람을 내게 영향을 끼치는 20%에 그 사람을 넣고 싶지 않았기 때문이다.

카카오톡 친구 목록을 주기적으로 정리한다. 연말에 한 번씩 카카오톡 친구 목록을 보면서 내게 부정적인 영향을 주는 사람들을 숨겨 놓는다. 카카오톡에는 친구 숨김이라는 기능이 있다. 아예 연락처를 없애 버리는 것은 아니지만 눈에 보이지 않게끔 해주는 거다. 나는 이 숨김 기능을 적극적으로 활용하기를 권한다. 시각적인 효과를 결코 무시할 수 없다. 내게 자극을 주고 신경이 쓰이게 만드는 것들은 눈에서 먼저 없애 보자. 나도 모르게 무의식중에 신경을 쓰고 있었던 그 친구에 대해서 서서히 관심이 옅어져 감을 느낄 수 있을 것이다.

내가 지금 어떤 사람들에게 집중해서 내 에너지를 쏟고 있는지 체크해 보자. 그리 신경 쓰지 않아도 되는 사람들에게 열정을 쏟고 있는 것은 아닌지 말이다. 나와 결이 맞고 세상을 같은 시선으로 바라볼 수 있는 사람들에게 내 힘을 쏟아보자. 80%를 과감히 포기하고 양질의 20%를 알차게 채움으로써 내 인간관계를 더 건설적으로 만들기 위한 노력을 해보는 것이다.

3

인간관계 법칙 II
(2:7:1의 법칙)

　교토대학교의 교수 가마타 히로키 박사는 인간관계에서 2:7:1 법칙에 대해 말했다. "내 주위에 10명의 사람이 있다면 2명은 나를 그냥 좋아하고, 7명은 무관심하며 1명은 나를 꼭 싫어한다."

　2014년 『미움받을 용기』라는 책이 베스트셀러가 되어 10년이 지난 지금까지도 잘 팔리고 있다. 이걸 보면 자극적인 제목이 사람들에게 본능적으로 필요한 내용이라는 것을 인식시켰기 때문이 아닐지 짐작해 본다. 우리나라 사람들은 특히나 다른 사람의 눈치를 많이 보는 편이다. 2019년 뉴욕 타임스에는 "한국인들이 행복과 성공에 이르는 비밀(The Korean Secret to Happiness and Success)"이라는 제목의 글이 실렸다. 재미교포 2세인 저자 유니

홍이 밝히는 그 비밀이라는 건 바로 '눈치(Nunchi)'라고 기재했다. "눈치가 (한국인들에게) 집단주의와 내향성, 그리고 무엇보다 '조용히 입을 다물고 있는 상태'를 유지하도록 요구하고 있다."라고 설명했다. 옷차림, 획일화된 외모의 기준, 정형화된 취업, 결혼, 출산의 로드맵 등을 넘어 인간관계에 있어서까지 타인의 시선을 의식하는 데 집중한다. 나는 이 타인의 시선을 의식하지 않는 것을 시작으로 각자의 인간관계를 재정립할 필요가 있다고 본다.

중학생 때부터 대학생 때까지 나는 인간관계에 꽤 많은 에너지를 쏟아붓고 신경을 썼다. 넓고 깊은 인간관계를 가진 친구들이 부러웠다. 많은 친구에게 가장 친한 절친이 되고 싶었다. 친구들이 바라보는 내가 어떤 사람인지가 매우 중요했다. 청소년기에는 사회 정서적 발달에 부모보다 또래 애착에 의해 영향을 많이 받는다고 한다. 이 경험을 실제로 톡톡히 했다. 하지만 살아보면 넓고 깊은 인간관계는 없다. 넓고 얕은 인간관계와 좁고 깊은 인간관계만 있을 뿐이다. 하지만 과거에는 그것을 알지 못했다. 내가 옛날에 힘들어했던 점은 바로 이것이다. '다른 사람이 나를 좋아하지 않는다는 것을 받아들이지 못했던 것.'

타인이 나를 좋아하지 않는다면 곧 싫어하는 것이라고 단정 지었다. 그래서 그것을 못 견디게 힘들어했던 것 같다. 곱씹어보면 이 명제부터 잘못됐다. 상대방이 나를 좋아하지 않는다면 이는 곧 나를 싫어하는 것이 아니다. 물론 나를 싫어할 수도 있지만 나에게 관심이 없을 확률이 훨씬 높다. 모든 사람에게 사랑을 받고 싶다는 생각은 환상이고, 모든 사람에게 미움을 받는다는 생각은 망상이다. 나에 대한 부정적인 의견은 진실 그 자체가 아니다. 나를 바라보는 하나의 관점일 뿐이다. 길거리에 핀 장미를 보고 예쁘다고 생각하는 사람도 있는 것이고, 너무 화려하다고 생각하는 사람도 있을 것이다. 그저 관점과 선호의 차이일 뿐이다. 내가 나를 바라보는 부정적인 하나의 관점에 매몰되어 내 정체성을 잃을 필요는 없다.

생각을 달리 해보자. 타인이 나를 싫어하는 이유는 내가 상대방의 생각대로 생각하지 않고, 말하지 않고, 또 행동하지 않기 때문이다. 인간의 자유의지로 우리는 우리가 원하는 대로 생각하고, 말하고, 행동한다. 기준이 타인에게 있는 것이 아니라 자신에게 있다. 결국 타인이 나를 싫어하거나 무관심한 건 당연하다. 좋아하는 경우가 희소한 것이다. 나를 싫어하고 무관심한 타인을 신경 써서 내 행동을 그들에게 맞추는 건 어리석은 짓임을 알 수 있다.

가마타 히로키 박사는 나를 싫어하는 1의 사람을 어떻게 대처했을까? 그는 1의 사람에게 어떤 노력도 하지 않았다. 그런 사람을 바로 포기하는 게 가장 빠르고 탁월한 선택이라고 한다. 곰곰이 생각해 보면 학창시절의 내가 행복하지 않았던 이유를 알 것 같다. 나는 1의 사람에게 끊임없이 노력했다. 어떻게 하면 이 친구가 나를 더 좋아하게 만들 수 있을까? 어떻게 하면 이 사람이 나에게 호감이 생길까? 하면서 말이다. 내가 집중해야 했던 사람들은 나를 싫어하는 1의 사람이 아니었다. 나에게 호감을 느꼈던 2의 사람에게 내 열정과 시간을 들였어야 했다. 상대가 내게 호감이 있다면 내가 조금만 노력해도 내 사람이 된다. 나를 싫어하는 사람에게서 호감을 이끌어 내는데 100의 에너지가 필요하다고 가정해보자(사실 100의 에너지를 쏟는다 해도 나를 싫어하던 사람이 내게 호감을 느낄 확률은 지극히 낮다.). 내게 호감이 있는 사람을 내 사람으로 만드는 데는 그보다 훨씬 적은 에너지가 들 것이 자명하다. 어느 쪽에 시간과 노력을 기울이는 게 현명할까?

내 가치를 알아보는 사람들에게 감사하자. 못난 성격도 이해해 주고 사랑해 주는 사람들이 있다. 그 사람들의 지지와 응원에 감사함을 표현하는 것이 중요하다. 마음의 근육을 단단하게 만들자. 지금까지 상처받고 힘들어했다면 그걸로 충분하다. 내 곁을 지켜 주는 소중한 사람들에게 더 신경 쓰고 집중해 보자.

4

청첩장을 줘? 말아?

진정한 사람 관계는 3번에 걸쳐 확인된다고 한다. 결혼식과 부모님의 장례식 그리고 본인의 장례식.

내 장례식은 직접 볼 수가 없다. 죽을 때 확인할 수 있는 거라서 사실상 내가 맺는 인간관계는 결혼식과 부모님의 장례식에서 확인할 수 있다는 말이다. 경사와 조사를 한 번씩 겪고 나면 사람이 반쯤 떨어져 나간다는 소리를 들은 적이 있다. 2020년 결혼식을 치르기 전 어디선가 들었던 저 말이 생각이 났다. 나보다 더 먼저 결혼을 한 친구들, 직장동료들이 하나같이 결혼을 앞두고 걱정했던 문제는 청첩장이었다. 어떤 사람에게 연락해야 하는지를 결혼식 전날까지도 고민했던 친구 K가 떠오른다. 나는 평소 대부분의 문제에 있어서 가부가 확실한 편이다. 그래서 이런 고민을 하는 친구가 도통 이해가 되지 않았다. 하지만 역시 사람 인생사 어떤 것도 속단할 수 없다. 직접 그 입장이 돼보기 전까지 확언해서는 안 된다. 겪어보지 않은 일에 가타부타했다가는 직접 그 상황에 놓였을 때 가불기에 빠지게 되기 마련이다.

나 역시 청첩장을 줄 때 수많은 고민을 했다. 일단 직장 동료와의 관계였다. 어느 정도의 친분이 있는 사람한테까지 청첩장을 돌려야 하는지 고민이 됐다. 하지만 이 고민은 앞선 선례를 참고해서 금방 해결할 수 있었다. 줄지 말지 고민이 되는 사람이라면 일단 주면 된다. 그 사람이 결혼식에 올 거라고 생각해서 주는 것이 아니다. 그야말로 사회생활이다. 경조사를 알리는 것이 같은 직장 동료로서 예의다. 그 경조사에 올지 말지는 상대방의 선택에 맡기는 것이다. 반대로 결혼식에 참석할 정도로 친하진 않지만, 상대방의 결혼을 축하해 주고 싶을 때는 가벼운 결혼선물을 전달하는 것도 하나의 꿀팁이다. 이것은 내가 실제로 경험한 좋은 예시다. 내가 신혼여행 후 회사에 복귀했을 때 타 본부 실장님과 팀장님이 내게 머그컵과 핸드크림을 선물로 주셨다. 결혼식에 아쉽게 참석하지 못했다고 하시면서 선물을 주셨는데, 그 마음이 정말 고마웠다. 지금도 그 머그컵은 잘 사용하고 있고, 핸드크림도 야무지게 사용했다. 그 이후로 나도 결혼식 참석 여부가 어정쩡하게 걸리는 동료들의 결혼에는 결혼선물을 준비해서 전달한다. 직장동료와의 관계는 생각보다 간단했는데, 그 외의 사람들이 고민이 됐다.

1) 내가 축의금을 줬지만 시간이 지나면서 인연이 끊겨 더 이상 연락하지 않는 지인.
2) 간간이 연락은 하고 친하지만, 절친은 아닌 지인.
3) 과거에는 친했지만 오랜 시간 연락을 하지 않은 지인.

자주 연락하고 친한 사람들은 아무 상관이 없었지만, 위의 세 분류의 사람이 문제였다. 나는 평소 어떤 고민을 하든 알고리즘을 그리면서 차근차근 도식화하는 것을 좋아하는데, 이 고민을 할 때도 비슷했다. 스스로 질문을 던져봤다.

첫 번째, 매몰 비용을 고려해야 하는가? (*매몰 비용: 다시 되돌릴 수 없는 비용. 즉 의사결정을 하고 실행을 한 이후에 발생하는 비용 중 회수할 수 없는 비용을 말하는 경제학 용어)

이 질문을 통해 1번 분류의 사람에 대한 결정을 끝낼 수 있었다. 과거에 내가 냈던 축의금은 다시 돌아오지 않는 비용으로 매몰 비용이다. 과거의 내 기준으로 상대방이 의미가 있는 사람이었다. 현재의 내 의사결정에 영향을 끼치지 말자. 첫 번째 질문으로 1 분류의 사람을 3 분류로 이동시킬 수 있었다.

두 번째, 상대방에게 경조사 연락이 왔을 때 기꺼이 참석할 것인가?

이 질문을 통해서 2 분류의 사람에 대한 의사결정을 할 수 있었다. 현재 나에게 의미 있는 사람에게는 일단 알리자. 그리고 그 결정 역시 그에게 맡기자는 것이었다.

마지막 3 분류의 사람이 문제였다. 두 번째 질문으로 결정하려고 했더니 모두 동그라미가 그려졌다. 하지만 뭔가 께름칙했다. 2 분류 사람처럼 확실하게 결정하기 어려웠다. 며칠을 고민하다가 친한 K 선배에게 고민을 털어놨다. K 선배는 실제로 내가 어떤 3 분류 사람으로 고민하는지도 알고 있었기 때문에 더 확실하게 답을 얻을 수 있을 것 같았다.

"경조사는 알리는 거라고 하잖아요. 저도 연락을 받으면 갈 것 같긴 한데 왜 계속 고민이 되는지 모르겠어요."
"음… 경조사를 알리는 것도 중요하지만 이걸 계기로 앞으로도 지속해서 연락을 주고받을 '의지'가 너에게 있는지 없는지가 중요하지 않을까? 이게 계기가 돼서 다시 연락을 주고받을 수 있게 된다면 좋은 일이지만, 지금처럼 비슷하게 연락을 끊고 산다면 그 인연을 이어 가는 게 의미가 있을까 싶어."

머리를 한 대 얻어맞은 것 같은 충격이었다. 사실 속마음을 너무 확실하게 읽힌 것 같아서 뜨끔했다. 그렇다. 아마 이 이후에도 나는 그 사람과 연락하지 않을 가능성이 크다. 그리고 K 선배는 그런 내 마음을 너무 잘 아는 것 같았다. 이 조언을 기준으로 나는 마지막 질문을 만들었다.

세 번째, 연락을 한 이후에도 상대방과 인연을 이어 갈 수 있을 것인가?

이 질문으로 3 분류 사람 중에 결혼식 청첩장을 준 사람이 있고 주지 않은 사람이 있다. 그리고 그 결정은 너무 정확하게 K 선배가 말했던 것과 딱 맞아떨어졌다. 청첩장을 준 사람은 2 분류로 넘어가서 계속해서 연락하고 있다. 또 청첩장을 주지 않은 사람은 그렇게 그대로 3 분류에 남아 있다. 지금도 친구들이 결혼식을 앞두고 청첩장을 줄 때면 나와 비슷한 고민을 하는 경우가 왕왕 있다. 그리고 그 고민을 하는 친구에게 K 선배가 해줬던 말과 그 결과까지도 함께 이야기해 주고 있다.

그렇게 결혼식을 앞두고 청첩장을 돌리고 고민이 없어졌다. 그 사람들이 결혼식에 오든 오지 않든 그건 그들의 선택이다. 내게 연락한다면 기쁜 마음으로 달려갈 수 있는 사람들에게 모두 결혼 소식을 알렸다는 뿌듯함만 가득했다. 그러나 인생은 언제나 확신하면 그에 맞는 불확실성을 던져주며 자신감을 비웃는다. 결혼식이 끝나고 축의금을 정리하던 중 축의금 봉투에서 생각지도 못한 이름을 발견하며 깜짝 놀랐다. 대학 동기 H의 이름으로 축의금 봉투가 들어온 것이다. 수백 명 지인 중에 단 한 사람. H의 이름은 내가 예상하지 못한 이름이었다. 당황스러움과 고마움이 동시에 밀려들었다. 내게 3 분류였던 그 친구에게 봉투를 확인하자마자 문자를 보냈고, 그것을 계기로 지금까지 계속해서 다시 연락을 하고 있다.

  사람 인연은 참 얄궂게도 사소한 계기로도 이어지고 끊어질 수 있다. 살면서 한 번쯤 겪게 되는 시간이다. 인간관계를 총 망라하며 정리할 수 있다. 결혼식 전날까지도 고민되는 청첩장을 줄지 말지에 대한 고민에 도움이 되길 바란다.

5

직선적인 성격을 가장한
무례함

"재택근무를 하라는 지침이 내려왔는데 왜 제가 출근을 해야
하죠?"

솔직함이 미덕인 시대가 왔다. 입에 발린 소리보다 허심탄회하
게 속마음을 오픈하는 것이 멋져 보이는 사회다. 그리고 이런 태
도야말로 힙한 모습이라고 입을 모아 칭찬한다. 하지만 지금의 사
회 전반적인 분위기에서 묘한 불편함을 느끼는 사람들을 위한 글
이다.

'직선적'이라는 단어는 '이리저리 둘러대지 아니하고 곧바로 하
는'이라는 뜻이다. '무례'는 '태도와 말에 예의가 없음'을 나타낸

다. 두 단어의 사전적 뜻을 나열하고 보면 전혀 다른 단어임에도 불구하고 우리는 주변에서 이 두 단어가 묘하게 혼재되어 비슷하게 사용되고 있는 것을 볼 수 있다.

친구 M은 같은 회사 동료 A 때문에 스트레스를 받는다. 여러 에피소드를 들으면서 A가 무례한 사람이라고 생각했다. A는 스스로를 똑 부러지고 손해 보지 않으며 자기 몫을 잘 챙기는 사람이라고 평가한다. 요즘 세상에서는 자기처럼 할 말을 제대로 할 줄 아는 사람이 이득이란다. 손해를 볼 필요도 없고, 남에게 피해를 주지 말고 자기 할 일만 잘하면 최고의 인재가 되는 것이라고 웃으며 말한다. 여기까지 들으면 아, 이렇게 똑 부러진 사람이 있나 싶다. 어느 날 코로나19 때 재택근무 관련 공문이 내려왔다. 하지만 회사 일이라는 게 어디 마음처럼 다 이뤄지던가. 면대면으로 직접 만나서 처리해야만 하는 업무가 존재한다. 팀에서 누군가는 반드시 출근해야 하는 일이었다. 담당업무를 A가 맡고 있었기에, 재택근무 기간 중임에도 A는 출근을 해야 했다. 관련 내용으로 팀 회의에서 A의 출근이 정해졌고, 그 길로 A는 대표이사실 문을 두드렸다. 그리고 대표님을 만나서 던진 첫 마디가 바로 "재택근무를 하라는 지침이 내려왔는데 왜 제가 출근을 해야 하죠?"였다. 회사에서 지침이 내려왔으니 재택근무를 할 것이고, 해당 내용을 검토해 달라고 요청했다. 회사에서도 알아주는 진상이라 A만 혼자 재택에 들어갔고, 해당 부서의 다른 직원들이 모두 나와서 A가

담당인 해당 업무를 마무리했다.

"그걸 가만뒀어?" 부글거리는 마음을 참지 못하고 되물었다. 나는 무례한 사람이 정말 싫다. 특히나 저런 개념 없는 사람과 마주하는 상황을 참지 못하는 편이다. 정말 화가 나는 건 저런 어처구니없는 상황이 나 같은 사람에게는 발생하지 않는다는 것이다. 보통 한 번 참고 넘어가 주는 사람에게 자주 발생한다(그래서 나는 저런 무례한 사람들이 더욱더 악질이라고 생각한다.). 이런 사람은 굳이 상대방과 갈등을 만들고 싶지가 않고 내가 불편함을 한 번만 참고 넘어가면 된다고 생각한다. 그리고 무례한 사람들은 이런 상황을 통해 '아, 역시 내가 맞았구나. 그래서 상대방이 할 말이 없어서 입을 다물었구나.'라고 생각한다. A와 같은 사람들에게 말해주고 싶다. 너의 그것은 직선적인 태도가 아니라 무례라는 것을 말이다.

우리나라 사람에게 어느 정도의 직선적인 성격은 꼭 필요하다고 본다. 사람들은 감정과 생각을 직선적으로 표현하는 것이 마치 상스러운 것을 대하는 것처럼 터부시되어야 하는 것으로 생각한다. 그런 태도야말로 시대적으로 맞지 않는 구시대의 전유물이다. 자신 있게 나를 표현하고 능력을 내세움으로써 인정받고 칭찬받을 수 있다. 좋아하는 것에 대해서 자신 있게 이야기할 수 있다. 내가 가진 생각에 대해서 당당하게 말할 수 있다. 이런 의미로 우리는 직선적으로 변화할 필요가 있다. 원하는 바가 있으면 명확하게 그것을 원하고 있음을 표현해야 한다. 불편한 것이 있으면 그것으로 인해 내가 불편함을 느끼고 있다고 얘기해야 한다.

직선적인 표현은 필요하지만, 세상을 혼자 사는 것이 아니지 않는가. 기본적으로 사람과의 커뮤니케이션은 나와 상대가 함께 쌍방으로 이루는 것이다. 내가 원하는 대로 표현하는데 상대가 그로 인해 불편함과 무례함을 느낀다면 좋은 커뮤니케이션이 아니다. 그래서 내가 정의하는 직선적인 사람은 '상대방이 내 의견에 다시 한번 귀 기울일 수 있게 내 이야기를 적확하게 전달할 수 있는 사람'이다. 내가 아무리 옳은 이야기를 할지라도 예의 없는 태도를 상대방에게 일관한다면 결코 내 이야기에 관심을 두지 않을 것이다. 직선적인 태도의 기본은 바로 상대에 대해 예의를 갖추는 것이다. 동료 A는 본인이 가진 생각을 직선적으로 표현했다고 생각하겠지만, 이것은 기존 절차를 무시하고 한 행동이다. 그 절차 속에 포함된 사람과 대표에게 무례한 행동을 저지른 거다.

내 주변과 스스로를 한번 되짚어보자. 나는 직선적인 사람일지, 아니면 그저 무례함을 직선적이라는 말로 포장하고 있는 사람일지 말이다. 그리고 내 주변에 있는 또 다른 A로 인해 내가 정신적으로 힘들지는 않은가. 그로 인해 내가 스트레스를 받고 불편함을 느낀다면 그들의 무례함에 직선적인 태도로 대응해 보자.

6

걷어차인 고양이를
자처하지 말자

회사에서 사장에게 크게 혼난 아버지가 귀가했다. 소파에서 이리저리 뛰어놀고 있는 아이를 보고 화가 난 아빠는 아이를 호되게 꾸중했다. 꾸중을 들은 아이는 억울한 마음에 옆에서 뒹굴고 있는 고양이를 힘껏 차버렸다. 놀란 고양이는 집 밖으로 뛰쳐나갔고 마침 지나가던 트럭 운전사는 고양이를 피하려고 핸들을 꺾었다. 그리고 길가에 서 있던 회사 사장이 트럭에 치였다.[11]

유명한 심리학 이론인 '걷어차인 고양이효과'에 대한 이야기다. 부정적 감정의 전염으로 야기되는 악순환을 표현해 주는 이 이야

---

11 완자오양, 『일잘러의 무기가 되는 심리학』, 이지은, 현대지성, 2021

기를 처음 봤을 때는 웃기면서도 어이가 없었다. 하지만 읽을수록 그럴듯한 묘사가 찰떡이라고 생각했다. 감정의 쓰레기통이라는 비슷한 표현이 있다. 드라마 대사에서도, 책에서도 많이 인용되는 이 단어가 주는 무게감은 생각보다 크다. 그 이유는 보통 우리가 이 단어를 사용할 때 가벼운 사람과의 사이에서 쓰는 것이 아니기 때문이다. 타인의 이야기에 귀를 기울이고 고민과 힘듦을 나눈다는 것은 그가 내게 의미 있는 사람이라는 뜻이다. 우리는 아무 의미 없는 사람의 이야기에 내 정성과 시간을 쏟아붓지 않는다. 이렇게 소중한 주변 사람과의 관계에서 감정의 쓰레기통이라는 단어까지 등장하게 된다. 타인과의 커뮤니케이션 안에서 어떻게 이 단어가 튀어나오는지 한번 짚어보고자 한다.

대화에는 말하는 사람과 듣는 사람이 존재한다. 그리고 이 두 사람 사이에는 감정이라는 단어가 공존하는데, 그 감정은 긍정적일 수도 있고 부정적일 수도 있다. 그리고 이 감정은 화자(話者)에서 청자(聽者)로 고스란히 전해지는데, 그 과정이 우리가 생각하는 것 이상으로 큰 파급력이 있다는 게 중요하다.

B에게 C는 세상에서 둘도 없는 친구다. 둘은 고등학교 때부터 가장 친한 친구다. B는 힘들거나 속상할 때 C에게 가장 먼저 연락한다. B와 C는 대학교에 입학하면서 전혀 다른 전공을 선택했다. 지금도 서로 관계없는 일을 하고 있다. B는 사회생활을 하면서 힘

든 일이 생겨도 C를 만나서 이야기하면 그 모든 것들이 싹 날아가는 기분이다. 지쳤던 일상은 금세 잊고 고등학교 시절로 돌아간 듯 행복하다. C라는 친구가 있어서 얼마나 다행인지 모른다. 나를 이렇게 잘 이해해 주고 내 이야기에 공감해 주는 천생연분 같은 친구가 또 있을까?

C에게 B도 마찬가지로 세상에서 둘도 없는 친구다. 고등학교 때부터 친한 친구였던 B는 힘들 때마다 가장 먼저 C에게 연락한다. 가장 친한 친구지만 C는 B와 전혀 다른 일을 하고 있어서 B가 업무에 대해서 화를 내고 짜증을 토로할 때 온전하게 그 내용에 공감을 해줄 수 없다. 하지만 C에게 B는 소중한 친구이기에, 그가 힘들 때 옆에서 힘이 되어주는 친구가 되고 싶다. 그런데 점점 시간이 지날수록 감정적 힘듦을 느낀다.

감정은 어느 정도 분출하면 해소되기 마련이다. 문제는 그 해소하는 방법이 스스로 컨트롤하는 것이 아니라 타인과의 대화를 통해 잘못 분출될 수 있다는 거다. 그렇게 되면 부정적 감정의 폭탄을 타인에게 떠넘겨 버리는 것이 되고 만다. 감정은 공유되는 것을 넘어서 전염이 된다. 앞서 봤던 걷어차인 고양이 일화에서처럼, 회사에서 화가 난 아빠의 감정이 아이에게 전염되어 졸지에 편히 쉬고 있던 고양이가 발로 걷어차인 것처럼 말이다.

이 둘 사이에서 감정의 공유가 올바르게 이뤄지기 위해서는 어떻게 해야 할까? 이 문제의 근본적인 문제는 B에게 있다. B가 감정적이면 감정적일수록 C는 피곤해진다. 또 C는 B의 감정을 처리하는 감정의 쓰레기통으로 전락할 수밖에 없다. B가 스스로 느끼는 본인의 감정에 조금 더 담담해진다면 C는 한결 B의 이야기를 편하게 들을 수 있게 된다.

내가 느끼는 감정은 오롯이 나의 것이다. 타인에게 이야기할 수 있지만, 그 감정의 해소는 나의 몫이라는 것을 잊으면 안 된다. 그럼 이 문제에서 C가 할 수 있는 건 아무것도 없는 걸까? 나는 브래디 미카코가 쓴 『타인의 신발을 신어보다』의 한 문구를 통해 공감과 관련된 내용의 해답을 찾으려 한다. "누군가에게 나를 투사하여 이해하는 것이 아니라 타인을 있는 그대로 알고자 하는 것이다. 타인이 나와는 다른 존재로서 내가 받아들일 수 없는 성질을 갖고 있더라도 그 존재를 인정하고 상상해 보는 일이다. 남의 신발이 아무리 냄새나고 더럽더라도 감정적이지 않고 이성적으로 그 신발을 신어 보는 일."

감정의 전염이 아니라 상상력을 발휘하는 것이다. 상대가 그 감정을 품게 된 이유를 논리적으로 이해하게 된다면 상대방의 감정을 고스란히 떠받게 되는 것에서 벗어날 수 있다. B와 C의 관계는 우리 주변의 일반적인 친구 사이에서도 쉽게 볼 수 있다. 일상에서 느끼는 적당한 감정들의 공유와 삶의 이야기들은 당연하기에, 나와 모든 친구 사이를 되짚어 봐야 하는 것은 아니다. 다만 저 둘의 관계에서 C가 B의 이야기를 버거워하게 되는 순간이 온다면 C 자신을 위해 선택을 해야 하는 것이다. 우리가 요즘 흔히 말하는 손절 같은 것 말이다.

이런 선택의 순간이 오기 전에 스스로 걷어차인 고양이가 되지 않기를 바란다. B가 악의 없이 나를 고양이로 만들어 걷어차고 있다면 1차로 그와 진지하게 대화를 나눠 볼 필요가 있다. 그 대화를 통해 변한다면 좋은 결과가 될 수 있다. 그 이후에도 변화가 없다면 혹은 악의로 나를 계속 걷어찬다면 그땐 과감하게 손절하기를 바란다. 내가 그를 소중하게 생각해서 들어주는 고민이 어느 순간 내 감정을 갉아먹는 괴물이 될 수 있다. 그리고 그 나쁜 감정은 내 주변의 소중한 사람에게 어느 순간 나를 B로 만들게 될지도 모른다.

7

모든 사람에게는
배울점이 있다

타산지석(他山之石) : 하찮은 남의 언행도 자기 수양에 도움이 될
수 있음을 뜻하는 말.

'가스라이팅'이라는 단어가 유행처럼 번져갔다. 과거에도 이런
상황을 정확하게 표현하는 단어가 없었을 뿐 비슷한 상황들이 있
었을 거다. 딱 맞는 단어가 등장하니까 다들 계속해서 사용하는
느낌이다. 가스라이팅은 〈가스등〉(1938)이라는 연극에서 유래한
단어로, 타인의 심리나 상황을 교묘하게 조작해 그 사람이 스스로
의심하게 만듦으로써 타인에 대한 지배력을 강화하는 행위를 말
한다. 주로 연인 간의 가스라이팅으로 벌어지는 사건들이 많았는
데 점차 그 범위가 친구, 직장 등에서도 빈번하게 발생하면서 사

회적으로 중요한 이슈가 됐다. 이전에는 폭력이라는 단어가 단순히 신체적인 위협을 가하는 것에 집중됐다면 지금은 정서적, 정신적인 폭력에도 사람들이 관심을 두게 됐다.

Y는 이런 가스라이팅에 특히 능한 사람이었다. 같이 일하는 동료들을 한없이 깎아내렸다. 그리고 그렇게 말하면서 늘 마지막에 덧붙이는 말이 있다. "다 너를 위해서 그러는 거야." Y와 함께 일한 사람들은 그렇게 야금야금 자존감이 깎여갔다. 마치 어린 새의 날개를 클리핑하면 새는 더 이상 날지 못하는 것처럼, Y는 가스라이팅으로 주변 동료들의 자신감을 꺾어버린다. 재밌는 점은 주변 사람들을 소개할 때 Y는 자신만큼 그 사람들을 아끼는 사람은 없다고 말한다는 것이다. 나는 그런 Y의 모습에 질려버렸다. 지금은 각각 다른 회사에서 일을 해서 만날 일은 없지만, 여전히 주변 사람들에게 같은 행동을 계속한다는 소문이다.

H는 동료로서 최악의 성격을 가졌다. 주변 사람들의 잘한 성과는 나의 공이요, 못한 성과는 다른 사람들이 못했기 때문이라고 생각했다. 부하직원이 낸 아이디어를 자기 생각인 것처럼 포장해서 보고하는 건 말할 것도 없다. H가 가장 잘하는 건 바로 '행동보다 말부터 하기'였다. 앞으로는 잘될 거다. 앞으로 이런저런 일을 할 거라고. 일단 말부터 뱉는 성격이었다. 같이 대화하다 보면 늘 뭔가 속는 것 같은 기분이 들었다. 꽤 긴 시간을 함께 일을 했지만

H가 퇴사한 이후 따로 연락하고 싶은 마음이 들지 않았다.

반면 내게 멘토처럼 좋은 이야기를 많이 해줬던 K 선배는 앞에서 말했듯 닮을 점이 많은 사람이다. 불합리하거나 옳지 못한 행동 자체를 이해하지 못하고 힘들어하던 나에게 K 선배가 해줬던 이야기를 지금도 사람으로 힘들 때 늘 상기시킨다.

우리는 지금도 그렇고 앞으로도 사회생활을 하면서 더 많은 사람을 만나게 될 것이다. 그리고 지금까지 만났던 사람 중에서도 관계가 변하는 사람들이 생길 것이다. 그 사이에서 언제나 내 마음에 드는 사람만 만날 수는 없다. 나와 결이 다른 사람을 마주했을 때 나는 살면서 저런 점은 닮지 말아야겠다는 것을 깨달으면 된다.

좋은 점을 닮고 싶은 사람에게서 좋은 점을 찾는 건 쉬운 일이다. 정말 닮지 않아야겠다고 마음을 먹는 것 또한 배움의 부분이다. 반면교사라는 말이 괜히 나온 것이 아니다. 다른 사람의 이해 못 할 하찮은 언행으로 스트레스를 받고 힘들어할 수만은 없었다. 그때 K 선배의 이야기는 나를 한결 가볍게 만들어줬다.

요즘은 '할많하않'이라는 단어가 자주 쓰인다. '할 말은 많지만 하지 않는다.'는 문장을 줄여서 쓰는 말로 사람들이 사용하는데,

이 말이 내 감정을 표현하는 데 아주 적확한 표현이다. 상대하고 싶지 않고 닮고 싶지 않은 사람들을 보면 저 말이 떠오른다. '너에게 하고 싶은 말은 참 많지만 하지 않는다. 그리고 나는 절대 너 같은 행동을 하지 않겠다.'는 의미 정도로 말이다.

이렇게 속을 긁어 놓는 사람들이 있는가 하면, 한없이 배우고 싶은 점이 가득한 사람들이 있다. 친한 친구 J는 내 주변 그 어떤 사람보다도 상대방의 이야기를 잘 들어주는 사람이다. 17년 전 처음 만났을 때부터 지금까지 그가 경청하는 태도는 그가 가진 어떤 장점들보다도 확실한 강점이다. 나는 듣는 것보다 말하는 것을 좋아한다. 그래서 J의 이런 태도를 배우기 위해 꽤 오랜 시간을 노력해 왔다. 하지만 결정적인 순간이 되면 고삐가 풀려버리고 신나서 말하는 나 자신을 발견하며 반성한다. 누군가의 말을 '잘' 들어준다는 것은 단순히 맞장구를 쳐주며 리액션을 하는 것이 아니다. 첫째는 상대방에게 관심을 두고 있다는 뜻이고, 둘째는 내 시간을 기꺼이 너에게 할애한다는 의미다. 누군가와 대화할 때 J는 그 사람에게 온전히 집중한다. 오랜만에 연락했더라도 내가 무슨 말을 할 때 J가 그 이야기에 집중하고 있음을 느낀다. 본인의 기준으로 조언하거나 충고하지 않는다. 그렇다고 비판하는 것도 아니다. 그저 내 이야기를 들어줄 뿐이다.

내 주변의 수많은 인간관계를 하나씩 곱씹어보면, 어떤 사람에겐 닮고 싶은 점이 가득하고, 어떤 사람에겐 닮지 않고 싶은 점이 가득하다. 하지만 모든 면을 닮고 싶다거나 모든 면을 닮기 싫은 것은 또 아닐 것이다. 똘똘하게 똑똑하게 눈을 크게 뜨고 귀를 쫑 긋 세워야 한다. 다른 사람들의 좋은 점을 닮기 위해서 노력하고 나쁜 점을 닮지 않기 위해서 말이다.

8

나를
변화시키는 사람

"안녕하세요? 저는 오늘 막 도착했어요. 파리에는 언제 오셨어요?"

2011년 해가 쨍쨍하게 내리쬐던 8월. 낯선 유럽에서 동생 M을 처음 만났다. 나는 당시 배낭여행 중이었고, 대략 스물 몇 개의 도시를 거쳐 여행의 마지막 도시인 파리에 도착했다. 그동안 수많은 도시에서 다양한 사람들을 만났다. 낯선 사람들과의 새로운 교류는 익숙해질 만큼 익숙해졌다. 사람을 좋아하기에 그저 여느 도시에서처럼 먼저 인사를 건넸다.

그런데 이 사람의 표정과 눈빛이 영 예사롭지 않다. 낯선 곳에서 만난 사람에게 보내는 경계심 가득한 눈빛이다. 나를 신경도 쓰지 않고 본인 침대에서 열심히 다이어리를 정리했다. 그 모습이 M의 첫인상이었다. 사실 파리에 막 도착해서 격하게 긴장감이 올라갔다. 내가 전 세계에서 손에 꼽히는 낭만의 도시 파리에 있다는 사실만으로도 가슴이 벅찼기 때문이다. 파리를 이번 여행의 마지막 도시로 넣었던 이유가 있다. 많은 유럽 여행 후기 글에서 여행에서 최고의 순간을 묘사할 때 멀리서 바라본 에펠탑을 꼽았다. 나도 그들과 같이 그 최고의 순간을 공감해 보고 싶었다. 이런 설렘으로 가득했던 내가 그에게는 부담감 200%를 주는 극 외향인으로 보였을 터다. 웃으며 돌이켜 생각해 보니 부담스러웠음이 당연하다. 자연스럽게 게스트 하우스에서 만난 사람들과 이야기하게 됐다. 두 달의 여행 일대기를 쏟아내느라 평소보다 수다스러움이 배였다.

"내일 베르사유 궁전을 갈 생각인데 혹시 저와 일정을 같이 하실 분이 있을까요?"

다음 날 함께할 사람들이 있는지 기웃기웃했다. 그 얘기를 들은 사람들이 다들 마침 본인들도 베르사유 궁전에 가고 싶었다며 기다렸다는 듯 일정을 맞추기 시작했다. 옆 침대에 있던 M은 함께했던 일행이 같이 가겠다고 대답하면서 나와 동행하게 됐다. 그렇게 파리에서 머물던 나흘 동안 우리는 서로의 일정에 늘 함께였다. 같이 있던 그 시간이 좋았다. 여행지가 주는 낭만이 관계에도 영향을 끼친 것이 분명하다. 파리에서 한국으로 귀국하던 날 "한국 가서 꼭 연락할게요."라고 했던 내 인사말은 지금까지 우리 둘의 관계를 이어준 약속이 됐다.

M은 부산에서 학교를 다녔고 나는 서울에 있었다. 서로 준비하던 시험이 있었는데, 한국으로 돌아와서도 가끔 먼저 연락해서 안부를 물었다. 한참 시간이 흐른 뒤 M은 경기도로 올라오게 됐다. 물리적으로 가까워진 거리는 우리의 관계 또한 더 가깝게 만들어 줬다. 한참 후에 M이 한 이야기인데, 부산에서 공부하던 M은 서울에서 가끔 날아오는 나의 안부를 묻는 연락이 늘 의아했다고 한다. 그리고 꾸준히 연락해 온 내 노력이 없었다면 우리의 관계가 이렇게 연속적이지는 않았을 거라고 말했다.

학창 시절에는 같은 학교에서 동네 친구들을 많이 만나게 된다. 생활을 나누는 공간이 동일하다는 이유만으로도 서로 깊은 공감대를 형성한다. 마음을 나누는 여러 과정을 통해 단짝이 되고, 그 와중에 똑같은 연예인을 좋아하기라도 한다면 금상첨화다. 사소한 공통점만으로도 관계를 맺는 게 참 쉽다. 성인이 되면서는 더 다양하고 많은 사람들을 만나게 된다. 그 관계 속에서 나에게 긍정적인 영향을 끼치는 사람과 부정적인 영향을 끼치는 사람을 구분하는 게 여간 어려운 일이 아니다. 게다가 관계를 맺는 것은 또 왜 이렇게 힘이 드는 건지…. 대화가 잘 통해서 나와 비슷한 사람인가 싶다가도 어떤 부분에서는 참 안 맞는 사람이다 싶다. 내 곁을 다 내어주었다가 상처를 받게 되면 어쩌나 싶기도 하다. 그래서 성인이 된 후에 좋은 관계를 맺는 사람을 얻는다는 것은 꽤 큰 행운이다.

나와 M은 성격이 참 다르다. 나는 실수에 대해 누구나 할 수 있고 후에 더 좋은 선택을 하기 위해 겪는 과정이라고 생각한다. M은 실수란, 선택하기 전에 덜 신중했기 때문에 벌어지는 결과라고 생각한다. 함께 여행을 가게 됐는데 여행지에서 묵을 숙소를 결정해야 했다. 나는 숙소를 정한 후 썩 좋은 컨디션이 아니라면 그 또한 우리가 함께 결정한 결과로 받아들여야 한다고 생각한다. 하지만 M은 동행에게서 조금이라도 아쉬운 소리를 듣고 싶지 않아 했다. 그래서 숙소 결정에 신중을 기한다. 이 생각의 차이를 받아들이고 M이라는 사람을(M 또한 나를) 이해하기까지는 꽤 긴 시간이 필요했다.

수년 전 M이 우리 집에서 1박을 했던 날이 있다. 그때 서로의 가족에 대한 이야기를 시작으로 서로가 어떤 환경에서 자랐고 어떤 삶을 살았는지, 그리고 지금 우리의 성격이 어떻게 만들어졌는지 크고 작은 에피소드들에 대해 대화를 나눴다. 그때 대화를 나누면서 '아, 우리 두 사람은 정말 많이 다르구나!' 생각했고, 또

'아, 정말 많이 비슷하구나!'라고 생각했다. 자라 온 환경이 다른 탓에 성격은 정말 많이 달랐다. 하지만 세상을 바라보는 관점의 결이 같았다. 사회적으로 논쟁거리가 될 만한 주제에 관해 이야기를 나누면 같이 슬퍼할 줄 알고, 같이 분노할 줄 아는 사람들이었다. 그 공감과 결이 같음을 느꼈기 때문에 우리는 오랜 시간 함께할 수 있었다. 어떤 이야기에 대해서는 이견이 있을 수 있지만, 각자의 의견을 들어주며 그것을 인정하는 태도에서 서로를 존중하고 있다는 믿음이 생긴 것 같다.

M은 내 주변에 있는 사람 중에 좋은 말을 가장 많이 해 주는 사람이다. 또 본인에게 좋은 영향을 끼친다는 것을 자주 상기시켜 준다. 언젠가 M이 '언니, 혼자서 독립해서 사는 내 옆에 엄마 대신 언니가 있는 건가 봐.'라고 말한 적이 있다. 타인이 나를 이렇게까지 아껴 줄 수 있을까? 이 말을 들었을 때 마음이 뭉클했다. 나는 고작 M보다 3살이 많을 뿐인데, 함께 있으면 나는 항상 그의 길잡이가 된다. 나는 어떤 일이든 일단 해보는 것이 좋다. 성공하든 실패하든 경험이 최고라고 생각하는 사람이다. M은 돌다리도 두드리고 두드려서 지팡이가 부러져야 안심하고 건너는 사람이다. M의 입장에서는 보면 볼수록 내가 신기한 사람일 거다. 그렇지만 나는 고작 3년 더 살아 본 인생 경험으로 M에게 안심을 상기시켜 주는 역할을 한다. 그리고 내가 먼저 겪은 그 3년의 세월은 그에게 확신을 주기에 충분한 것 같다. 내가 20대 중반에 했던

고민, 20대 후반에 했던 걱정들은 몇 년 뒤 그의 고민이 된다. 오랜 시간 서로에 대한 신뢰와 믿음을 쌓아왔다.

나는 M을 만날 때마다 좋은 사람이 되고 싶고, 더 멋있는 사람이 되고 싶다. 앞으로도 평생 갈 인연으로 함께하는 매 순간 M에게 나는 늘 든든한 친구이자 언니가 되고 싶다. 시험에 붙는 것이 가장 큰 걱정이었던 22살의 M은 이제 34살이 되었다. 내가 봐 온 10여년의 시간동안 M은 꽤 단단해졌다. 수년 동안 M에게 뭔가를 할지 말지 고민하는 순간이 오면 "너는 충분히 잘하고 있고 잘 살고 있어."라고 말해줬다. 그 주문 같은 말이 스며들었는지 여전히 인간관계에서 상처받고 마음이 다치는 순간들이 오지만, 그런 순간에 "언니, 나 잘하고 있지!"라고 스스로를 먼저 다독여 줄 줄 아는 사람이 되었다. 과거보다 더 혼자 많은 것을 할 줄 아는 사람이 됐고, 자신을 사랑하는 방법을 잘 알게 됐다. 그 모습을 보는 게 참 행복하다. 나는 그런 M의 변화가 좋고, 내가 그 M의 변화에 영향을 끼쳤다는 생각에 어깨가 으쓱한다. 그리고 내 변화 속에도 M이 함께였다.

시간이 지날수록 나를 긍정적으로 변화시키는 사람들이 내 인생에 얼마나 중요한 역할을 하는지 깨닫는다. 나를 더욱 어른스럽게, 좀 더 프로페셔널하게 만드는 사람이 있다. 또 내가 좋은 사람이 되고 싶게 만들어 주는 사람이 있다. 내가 가진 것보다 더 나를 높게 평가해 준다. 그리고 내게 할 수 있다는 긍정적 에너지를 불어넣어 변화시킨다. 나 또한 누군가에게 그런 사람이 되고 싶다. 나를 좋은 방향으로 변화시키는 사람들을 잃지 않고 내 옆에 꼭 붙들어 두는 것은 내 인생을 살아가는 데 든든한 지원군들과 동맹을 맺는 것과 마찬가지다. 힘든 상황에서도 그들의 응원으로 다시 일어설 수 있다.

당신을 긍정적으로 만들어주고 더 나은 사람으로 성장시켜 주는 주변 사람을 찾아보자. 단 한 명일지라도 당신 스스로 더 괜찮은 사람이 되고 싶은 마음이 들게 만든다면 반드시 그 사람을 곁에 두자. 시간이 흐르면 흐를수록 그 사람과의 관계가 당신을 더욱 성장시킬 것이다.

제 5 장

일상이 행복이 되는
매일의 습관

하루 시작을 여는
출근길 플레이리스트

한 번 더 나에게 질풍 같은 용기를 거친 파도에도 굴하지 않게
드넓은 대지에 다시 새길 희망을 안고 달려갈 거야 너에게

매일 아침 출근길에 최소 한 번은 듣는 노래는 유정석의 〈질풍
가도〉라는 곡이다. 어디선가 처음 듣고 내가 아는 모든 노래 중에
가장 파이팅 넘치는 노래라는 생각이 들었다. 이 곡을 들을 때마
다 뭔가 잘 해낼 수 있을 것 같은 기분이 든다. 그 이후로 나는 이
노래를 내 플레이리스트에 추가하고 오랜 시간 동안 거의 매일 듣
고 있다.

대중교통을 이용해 출근하는 길에는 생각보다 할 수 있는 것들

이 많다. 짧은 시간이지만 지하철에서 어떤 사람은 책을 읽는다. 강의를 듣는 사람도 있고, 재미있는 영상을 보는 사람도 있다. 이직하면서 출퇴근 시간이 1시간에서 30분으로 절반 가까이 단축됐다. 회사를 갈 수 있는 방법도 다양해졌다. 날씨가 좋을 때는 자전거를 타고 20분 정도 달리면 회사에 도착한다. 수영강습을 시작하고 나서는 버스를 타고 출근한다. 어떤 날은 지하철을 탈 때도 있다. 이렇게 다양한 방법으로 출근을 한다. 하지만 어떤 방법으로 출근을 하든 달라지지 않는 한 가지가 있다. 재생목록에 있는 노래들을 듣고 업무를 시작하는 것이다.

매월 1일 루틴이 있다. 새로운 폴더를 만들어서 해당 월의 플레이리스트를 새로 만드는 것이다. 그래서 내 핸드폰에는 2024년 1월의 노래, 2024년 2월의 노래, 이런 식으로 매월의 재생목록이 있다. 과거 어떤 시기에 나를 행복하게 만든 음악을 확인할 수 있다. 마치 음악 일기처럼 말이다. 전월에 들었던 노래를 다시 추가할 수도 있고, 새로운 노래가 자리잡기도 한다. 2024년 7월 안에는 데이식스의 한페이지가 될 수 있게, 로이킴의 〈봄이 와도〉, 10cm의 〈서랍〉, 정경호의 〈회상〉 등이 들어가 있다. 어떤 노래는 1월부터 12월까지 한 번도 빠지지 않고 리스트에 이름을 올린다. 나와 궁합이 잘 맞는 노래임이 분명하다. 유정석의 〈질풍 가도〉, 박상민의 〈너에게로 가는 길〉, 조용필의 〈꿈〉, 딕펑스의 〈viva청춘〉, 콜드플레이의 〈viva la vida〉 등 열정 가득한 노래들이 주로 그렇다.

　현대 음악계의 거장으로 불리는 이스라엘의 피아니스트이자 지휘자인 다니엘 바렌보임은 "음악은 시간과 공간을 초월하여 우리를 연결해 준다."고 했다. 멜로디를 몇 초만 들어도 바로 어떤 시간, 장소로 내가 돌아간 것 같은 경험을 해본 적이 있지 않은가. 바로 이런 걸 표현한 것 같다. 플라워의 〈애정표현〉을 들으면 대학교 신입생 시절 노래방에서 죽치고 살던 날들이 생각난다. 정용화의 〈넌 내게 반했어〉를 들으면 2012년 수험생 시절로 돌아간다. 존 레전드의 〈P.D.A.〉를 들으면 2013년 한강 다리를 건너던 어떤 날이 떠오른다. 홍대광의 〈너로 완벽한 순간〉을 들으면 홍콩 야경을 보며 남편에게 프러포즈했던 레스토랑이 그리워진다. 존박의 〈이상한 사람〉을 들으면 2020년 4월, 결혼식장에서 아빠의 손을 잡고 입장하던 그 순간으로 돌아간다. 특정 순간을 기억하는데 사진만큼 좋은 매개체가 없다고 한다. 하지만 나는 단언컨대 그걸 넘어설 만큼 음악은 큰 힘이 있다고 생각한다.

　그래서 하루의 시작을 여는 노래가 중요하다. 어떤 날은 평소보다 힘든 하루를 보냈을 수도 있다. 그럴 때 아침에 들었던 노래를 다시 들어보자. 그 음악은 힘을 내며 하루를 시작했던 아침의 나를 떠올리게 만들어 줄 것이다. 회사에서 똑같은 실수를 계속했던 날이 있다. 실수가 반복되자, 스트레스를 잔뜩 받고 퇴근하는 길이었다. 실수가 잦아지는 것에 스스로 자괴감에 빠졌다. 대체 월급 받고 하는 게 뭔가 싶으면서 제대로 회사를 다니고 있는 게 맞나 싶은 생각까지 들었다. 그 좋아하던 야구를 봐도 재미가 없었다. 가십거리 기사는 읽고 싶지도 않았다. 만사가 귀찮고 싫어지던 그때, 아침 출근길에 들었던 〈질풍가도〉를 틀었다. "한 번 더 나에게 질풍 같은 용기를 거친 파도에도 굴하지 않게 드넓은 대지에 다시 새길 희망을 안고 달려갈 거야 너에게" 하는 노래를 들으니 피식 웃음이 났다. 오늘 아침만 해도 신나게 노래를 들으면서 출근했었는데, 이렇게 지쳐 있고 힘이 없을 일인가 싶었다. 어차피 이미 벌어진 실수였고, 내일은 다시 시작된다.

한동안 출근하기 전 기상하자마자 스윗 소로우의 〈사랑해〉라는 노래에 빠져있던 적이 있다. 노래에 이런 가사가 있다. "세상에서 가장 행복한 말, 그래서 더욱 듣고픈 말, 고마운 말, 날 살리는 말 너를 사랑해 사랑해 사랑해 나에게 누구보다 소중한사람." 이 가사는 일어나기 싫고 회사에 가기 싫은 나를 토닥토닥해 주며 위로해줬다. 남편이 나보다 출근 시간이 조금 더 일러서 먼저 집을 나섰다. 그리고나서 혼자 출근 준비를 하면서 이 노래를 들었다. 가끔 이 노래를 다시 들을 때면 열심히 엉덩이를 실룩거리면서 양치를 하고 노래를 따라 부르던 아침 출근 준비 시간이 생각나서 웃음이 난다.

사람마다 힘이 들 때 생각나고, 입맛이 없을 때 먹으면 잃어버린 입맛도 되찾아주는 소울푸드가 있다. 이 소울푸드처럼 스스로 힘이 되는 소울뮤직을 찾아보자. 내가 기분이 좋을 때 더 좋게 만들어 주는 노래를 만들어 놓는 거다. 또 힘이 들 때 위로해 줄 수 있는 노래를 정해 둔다. 의미 있는 여행지에 놀러 갔을 때도 여행지와 잘 어울리는 노래를 들으며 그 순간을 노래에 담아보자. 혼자 있는 순간에 음악이라는 존재를 내 곁에 둬 보자. 그 음악이 나를 품어주고, 내 손을 잡아주고, 나를 위로해 주는 순간이 올 것이다. 그렇게 곁에 둬 보는 거다. 내가 살아가는 하루하루가 노래와 함께 켜켜이 추억으로 쌓여 갈 것이다.

적고(write) 적고(small) 적고(quiet)

나는 유명한 걱정쟁이였다. 성격도 보통 예민한 게 아니었다.

　중학교 때부터 시험 기간에는 밥을 먹으면 토하기를 반복해서 늘 괴로웠던 기억이 난다. 학창 시절의 나는 위경련으로 애를 먹고 신경성 위장염을 달고 살았다. 뭐가 그렇게 매사 걱정거리였는지 모르겠다. 지금 주변 사람들은 '유리 씨가 그렇게 성격이 예민하다고?'라고 의문 가득한 목소리로 되물을지도 모르겠다. 그만큼 지금의 나와 과거의 나는 아예 다른 사람이라고 생각될 정도로 많이 변했다. 우리 가족은 내가 변한 시점을 앞서 말한 유럽 배낭여행이라고 입을 모아 이야기한다. 2011년의 여행은 확실히 인생의 전환점이 맞다. 여행을 기점으로 일상을 대하는 태도가 많이 달라졌다. 내 인생을 바꾼 세 가지 습관에 대한 이야기를 해 보려고 한다.

첫 번째는 쓰는 것이다. 미국 시트콤 〈모던패밀리〉에서 "인생의 어떤 순간이 나를 나타낸다."라는 내레이션이 있었다. 우리는 각자의 성격과 마음가짐으로 묵묵히 하루를 살아간다. 그러다 보면 삶의 어떤 순간이 나라는 사람의 생각과 신념을 투영한다는 의미다. 나의 현재는 모든 과거가 모여 일궈낸 결과물이다. 내 행동과 말 그리고 생각은 나의 역사를 찬찬히 만들어간다. 그래서 모든 사람의 삶은 인정받아 마땅하다. 모두가 자기 자신만의 역사가 있는 법이다. 하지만 사람은 그 모든 순간을 다 기억할 수가 없다. 지금도 아쉬운 점은 과거의 내가 어떤 점들 때문에 힘들어했고, 뭐 때문에 스트레스를 받았는지 명확하게 기억하지 못한다는 것이다. 과거의 내가 내 감정에 대해서 잘 적어뒀다면 그것을 보고 반성했을 것이다. 또 앞으로 나아가는 삶의 방향을 잘 설정할 수 있을 텐데 말이다. 그래서 적기 시작했다.

'늘 바람이 많이 불고, 하늘이 그림같이 예쁘고, 사람이 많지는 않지만 복작이는 곳. 유명하지 않지만 우리 부부의 역사가 기록되어 쌓여가는 이 장소는 동선에 늘 포함된다.' (남편과 결혼 전 제주 여행을 갔을 때) '문득 찾아와 앉았다 다시 제 갈 길 가버리는 나비의 초연함이 아닌, 너에게 머무르다 그 안에 갇혀버리는, 너의 달

콤함에 매혹되어 헤어 나오지 못하는 꿀벌의 절박함으로 너를 사랑하고 싶어져 버렸다.' (김지훈 작가의 『너라는계절』이라는 산문집을 읽다가) 이렇게 내 일상에서 잊고 싶지 않은 나의 추억을 기록하고 있다.

꼭 뭔가를 시작하려고 하면 잘해야 하는 강박이 시작된다. 남이 보는 것도 아닌데 잔뜩 힘이 들어간다. 그리고 아무런 문장도 쓸 수 없게 된다. 국내 1호 기록학자인 김익한 교수가 쓴 『거인의 노트』에서는 그 해답으로 어미를 쓰지 말라는 조언이 있었다. 굳이 문장을 끝맺지 않아도 괜찮다는 것이다. 나는 누구인가. 여태까지 살아온 내가 바로 나다. 현재의 나를 만드는 건 과거에 내가 했던 행동들이다. 장면기록은 나다움을 찾는 첫걸음이다. 회상을 통해 떠오른 장면이 앞으로의 삶을 잘 살아가도록 도와줄 것이다.

두 번째는 의식적으로 걱정과 스트레스를 작게 만드는 것이다. 심리학자 어니 젤린스키가 "걱정의 40%는 절대 현실로 일어나지 않는다. 걱정의 30%는 이미 일어난 일에 대한 것이다. 걱정의 22%는 사소한 고민이다. 걱정의 4%는 우리 힘으로는 어쩔 도리가 없는 일에 대한 것이다. 96%의 걱정거리가 쓸데없는 것이고, 나머지 4%만이 우리가 대처할 수 있는 진짜 사건이다."라고 말했다. 걱정을 비중으로 수치화시킨다는 것이 영 미덥지 않긴 하지만, 어쨌든 과거의 나는 쓸데없는 96%의 걱정에 집중하는 사람이었다. 그래서 의식적으로 걱정을 없앴다.

친구라는 이름으로 나를 불편하게 만드는 사람이 있었다. 분명 친해진 이유가 있었지만, 시간이 지날수록 나와 맞지 않는 사람이라는 것을 느꼈다. 관계로 인한 스트레스를 받던 찰나 나는 그 친구와 멀어지는 길을 택했다. 물론 관계를 유지하며 서로가 노력해서 맞춰 갈 수도 있었다. 하지만 나는 그 과정을 스트레스로 받아들이는 사람임을 알기에 관계의 단절을 선택했다. 또 이전 직장에서 내가 생각했던 기준이 틀어지며 걱정이 시작됐고 나는 이직을 결심했다. 결국 내가 결정할 수 있고 선택할 수 있는 일에 대해서는 빠르게 결정함으로써 걱정을 없애는 것이다. 그리고 그렇지 않은 일에 대해서 아무것도 할 수 없음을 빠르게 인정하고 생각을 놓는 연습을 하는 것이다. 걱정을 할 일이 아님을 인지하고 더 많이 털어낼수록 가벼운 마음으로 일상을 날아다닐 수 있다.

마지막은 입을 다무는 것이다. 정확하게 말하자면 깊은 생각이 필요한 내 일상에 대해 내가 먼저 생각하는 습관을 들이는 것이다. 남에게 알리는 것보다 스스로 생각하는 게 선행된다면 조금 더 이성을 찾을 수 있다. 회사에서 화가 나는 일이 있다면 그 일을 함께 겪은 동료들과 이야기하는 것이다. 그 일을 퇴근 후까지 질질 끌며 가져갈 필요가 없다. 시간이 지난 후에도 계속 생각이 난다면 다음에 동일한 일이 발생하지 않도록 생각을 정리하자. 오늘 하루 중에 행복하고 즐거웠던 것들 혹은 힘들었던 일을 남들에게 알리며 복기하는 것이 아니라 나의 기록으로 곱씹으며 마음으로 느껴보는 것이다. '내가 오늘 이런 점 때문에 행복했구나.', '이런 점이 힘들었구나.' 하고 말이다. "저 이래서 너무 힘들어요."라고 동네방네 소문낼 필요가 없다. 그 누구도 내 삶을 대신 살아주지 않는다. 내가 느끼고 겪는 나의 일상이다. 스스로 생각하고 극복하며 일상의 주체가 될 수 있는 연습을 해보자. 조금 더 행복한 하루를 느끼게 될 거라고 확신한다.

3

숨쉬기 운동 말고요

"보통은 회사 때문에 힘이 들면 운동 취소할 수 있겠냐고 연락하는데, 하체에서 상체로 바꿔 달라고 하다니, 역시 유리님은 운동에 진심이었어요."

회사업무로 지친 어느 날 PT 강사님께 문자를 보냈다. 원래 하체운동을 하기로 한 날이었는데, 컨디션이 영 좋지 않아서 어깨운동으로 루틴을 바꿀 수 있냐고 물었다. 강사님은 흔쾌히 오케이를 해줬다. 그렇게 퇴근 후 운동 하러 갔는데 강사님이 말했다.

어릴 때부터 운동을 좋아했다. 초등학교 때 계주 선수를 했던 것은 물론, 몸을 쓰는 교과에서 낮은 점수를 받았던 적은 단 한 번도 없다. 하지만 중, 고등학교 시절에는 공부하느라 바빴다. 대학생 때는 놀러 다니느라 바빴고, 취업 후에는 일하느라 바쁘다는 핑계로 운동을 꾸준하게 하지는 않았다. 지금에야 바디프로필이니, 몸 관리니 하는 것들이 유행처럼 퍼졌지만 이런 사회 분위기가 형성된 건 그렇게 오래되지 않았다. 작정하고 웨이트를 시작한 건 결혼을 앞두고부터다. 으레 여자들이 인생에서 가장 집중해서 다이어트하는 시기는 결혼을 앞둔 때라고 한다. 평소 먹는 걸 너무나 좋아하기에, 이 말이 나에게도 해당하는 말이 될 수 있을지 궁금했는데, 나 역시 보통의 여자였다. 결혼식을 4개월쯤 앞두고 회사 앞 PT 숍을 찾아갔다. 필라테스니, 요가니 평소에 가볍게 즐기던 운동이 아니라 정말 제대로 다이어트를 하고 싶었기 때문이다. 그렇게 쭈뼛쭈뼛 문을 열고 들어간 PT 숍에서 처음으로 쇠질을 하게 됐다. 지금 와서 생각해 보면, 아무 생각 없이 찾아간 PT 숍에서 괜찮은 선생님과 수업을 하게 된 건 운이 좋았던 것 같다. 열과 성을 다해 알려주는 선생님도 있지만, 책임감 없이 행동해서 돈 아깝다는 생각이 들게 만드는 강사도 많기 때문이다. 그래서 운동을 배울 땐 시설은 물론이고 수업을 진행할 강사 성향 파악이 중요하다. 각설하고 그렇게 시작하게 된 웨이트는 내 몸과 마음을 변화시켰다.

결혼 후에도 나는 계속 헬스장에 다니고 있다. 이직하고 나서는 아침에 수영을 다닌다. 날씨가 너무 덥지도 춥지도 않을 때는 집 근처 안양천에서 러닝을 한다. 결혼식에 예쁜 몸으로 입장을 하고 싶다는 생각으로 시작했지만 지금은 당연한 일상이 되었다. 운동을 제대로 해보겠다고 결심했던 과거의 나를 마구 칭찬해 주고 싶다.

열정 가득한 20대 때는 운동을 하지 않아도 에너지가 넘쳐 흐른다. 친구들과 실컷 놀다가 새벽 3시에 자도 다음 날 아침에 일어나서 1교시 수업을 들을 수 있는 체력이 충분하다. 밤새워 놀아도 왜 이렇게 신이 나는지 열정과 체력은 그렇게 항상 유지될 것만 같다. 고등학교를 졸업하고 성인이 되어 처음 주어진 자유로움 속에서 체력은 고갈되지 않는 자원처럼 생각된다. 그래서 나 역시도 체력에 대해 고민을 해 본 적이 없다. 그러나 매년 시간이 흐를수록 공부를 하든, 친구들과 놀든 똑같은 일을 하기 위해서 더 많은 체력이 소요된다는 걸 깨달았다. 같이 글쓰기 프로젝트를 시작한 J 작가님이 마음의 열정을 위해 몸의 근력을 키워야 한다는 이야기를 하셨다. 누구보다 그 말에 공감하며 무릎을 쳤다. 30대가 되면서 뭔가를 하기 위해 가장 먼저 고려할 사항은 그것을 해낼 수 있도록 버텨주는 체력임을 직접 느꼈기 때문이다.

나는 여행을 정말 좋아한다. 여행이 끝나고 집으로 돌아오는 시간을 그 누구보다 아쉬워한다. 그런데 2017년 친한 친구와 둘이 함께 갔던 세부여행에서 크게 몸이 아팠던 적이 있다. 몸이 아프니 그 좋아하는 바다를 봐도 별로 감흥이 없었다. 골골거리며 열이나는 몸을 건사하기에도 바빴다. 나는 물놀이에 환장을 한다. 하지만 이 여행에서는 물에 발도 담그지 못하고 스쿠버 수업을 듣던 친구만 부럽게 바라보고 있던 기억이 있다. 그리고 한국으로 귀국하던 날 한시라도 빨리 집으로 돌아가고 싶었다. 건강하고 활달한 상태와 질병으로 불쾌하고 소심한 상태에서 받는 인상의 차이를 생각해 보면 알 수 있다. 우리를 행복하거나 불행하게 만드는 것은 우리의 견해다. [12] 내가 평소 아무리 좋아하는 것이라도 체력과 건강이 받쳐주지 않으면 그것을 제대로 즐길 수 없게 된다. 나이를 먹으면 먹을수록 더욱 그렇다.

운동이 중요하다는 것을 모르는 사람은 없다. 주변에 운동을 하지 않는 친구들에게 운동을 권하면 모두가 하나같이 말하는 첫 마디가 있다. "운동을 하긴 해야 하는데…." 그 말을 듣고 나는 마음속으로 외친다. '알면서 왜 안 해!!!???'

운동이라고 해서 운동 괴물들처럼 헬스장에서 살아야 하는 것은 아니다. 숨쉬기 운동만 하고 있다면 근력운동이니, 유산소니 따질 필요도 없다. 평소 나가는 출근 시간보다 10분 일찍 나가서 기존 출근 루트보다 조금 더 먼 길을 선택하며 걸어보자. 퇴근 시

---

12   쇼펜하우어, 『남에게 보여주려고 인생을 낭비하지마라(쇼펜하우어 소품집)』, 박제헌, 페이지2북스, 박제헌

간에도 10분 더 주변을 걷다가 집에 들어가자. 매일 10분, 20분으로 시작하더라도 꾸준하게 진행하는 것이 중요하다. 그렇게 체력을 기르며 운동과 조금 가까워질 수 있다. 걷기가 무슨 운동이냐고 말하는 사람도 있겠다. 하지만 숨쉬기 운동 말고 몸을 움직이는 모든 것은 운동이다. 그렇게 작은 것부터 이뤄가기 시작해야 내게 맞는 다른 운동에 관심을 가질 수 있다. 그렇게 내게 잘 맞는 운동을 경험하며 찾아가는 것이다.

　운동을 하는 이유는 나를 위해서다. 남과 비교할 필요도 없고 내 페이스에 맞추면 된다. 평생 수행해야 하는 장기 플랜이다. 나만의 소소한 운동 루틴을 만들어서 지금 당장 시작해보자.

4

감정을 널뛰게 만드는
애증의 144일

1994년 가을, 당신은 누구였습니까? 그리고 오늘, 당신은 누구입니까? 긴 세월에도 포기하지 않고 간직해 온 가슴속 깊은 곳의 외침. 29년 만의 메아리. 2023년 통합 우승 챔피언은 LG트윈스입니다.

평소 취미 부자라는 수식어를 달고 산다. 좋아하는 것도 많고 하는 것도 많다. 좋아하는 취미가 생기면 일상에 즐거움이 생긴다. 그리고 그 취미를 즐기는 일상이 특별해진다. 아이돌을 좋아할 수도 있고, 독서를 좋아할 수도 있다. 영화를 보는 취미가 있을 수 있고 와인을 즐길 수도 있다. 어떤 취미든 내가 몰입할 수 있는 취미가 있다는 것은 꼭 필요하다. 내가 가진 취미 중 딱 한 가지를 꼽아보라고 한다면 스포츠 관람이다. 야구와 축구를 좋아하는데 그중 야구 관람에 대한 이야기를 해보려고 한다.

한국 야구는 10개 구단으로 운영되고 있다. 각 구단은 한 시즌에 144경기를 치른다. 월요일을 제외하고 모든 요일에 경기를 한다. 3~4월에 시즌 개막을 해서 9월까지는 야구를 하기 때문에 야구 관람이 취미라면 1년 중 절반은 심심할 틈이 없다. 보통 상위권의 기준을 5할 승률로 둔다. 내가 응원하는 팀이 평균은 하는 팀이라고 하더라도 70경기는 지는 경기를 볼 수밖에 없는 것이다. 그래서 야구팬들은 늘 화가 나 있다고 표현한다. 하지만 감정이 널뛰기하는 144일 동안 야구를 보지 말라고 한다면 그게 더 힘들 것 같다. 몰입하는 취미는 바로 이거다.

내가 야구를 좋아하는 가장 큰 이유는 사람 중심의 스포츠라는 점 때문이다. 보통의 구기종목은 공으로 하여금 점수가 난다. 그리고 팀의 승패가 좌우된다. 축구, 핸드볼, 농구, 하키 등은 골대에 공이 들어가면 득점이다. 배구, 테니스, 배드민턴은 볼이 네트를 넘어 상대편 코트 안쪽에 떨어지면 득점한다. 그런데 야구는 홈에서 시작한 주자가 공보다 빠르게 홈 플레이트를 밟음으로써 득점한다. 유일하게 사람이 공보다 빨리 들어와야 득점하는 구기종목이다. 투수가 공을 던지면 타자는 그 공을 치고, 수비수들은 타자가 친 공을 잡아 주자를 향해 던진다. 이 모든 일련의 행동들은 사람을 중심으로 경기가 진행됨을 보여준다.

희생이란 다른 사람이나 어떤 목적을 위하여 자신의 이익 따위를 바치거나 버린다는 사전적 의미가 있다. 스포츠와는 잘 어울리지 않는 단어다. 하지만 야구에서는 꽤 많은 상황에 이 단어가 중요한 의미로 등장한다. 이 또한 사람이 중심이 되고 주체가 되는 스포츠이기 때문이다. 한가지 예를 들면 노아웃이나 원아웃에서 3루 주자가 태그업으로 득점을 올릴 수 있도록 외야 멀리 날려 보낸 뜬공을 '희생플라이'라고 말한다. 안타를 치지 않았지만 타율 계산에서는 무시된다. 말 그대로 점수를 내기 위해 희생을 한 플라이라고 인정이 되는 것이다. 마치 우리 인생 속에서도 더 좋은 선택과 결과가 있을 수 있지만, 희생해서 얻어낸 지금의 결과 또한 인정받을 수 있는 것 같은 위로가 느껴진다.

2023년 내가 응원하는 팀이 29년 만에 통합우승을 차지했다. 본문 가장 앞에 써 있는 문구는 우승을 확정 지었던 순간 캐스터가 소리친 우승콜이다. 1994년 마지막 우승으로 29년 동안 우승을 못했던 비운의 팀이었다. 29년 만에 리그 챔피언이 되었던 2023년을 아마 평생 잊지 못할 것 같다. 우승을 확정 짓고 우승떡을 만들어서 회사에 돌렸다. 이렇게까지 유난스러울 일이냐며 회사 사람들이 못 말린다고 말했다. 하지만 그 희열과 행복은 말로 표현할 수 없었다. 평소 승부욕이 강해서 스포츠를 좋아하는

데, 어떤 스포츠를 즐길 때 응원팀을 만든다. 그럼 그 팀을 더 응원하게 되면서 몰입하게 되고 곧 일상을 행복하게 만드는 취미가 된다.

조지워싱턴 대학 대니얼 리버언이 쓴 『도파민형 인간』이라는 책에서는 현대인이 어떤 취미도 갖지 않으려 한다는 점에 대해 아쉬워했다. 몸을 사용하는 창의적 활동은 현재지향적 경험과 도파민의 추진력이 결합된 활동으로 비유하며 우리의 삶을 더 행복하게 만들 수 있다고 말했다. 도파민만 의기충천한 상태는 밝은 미래를 앞당기는 데 크게 도움이 되지 않는다. 풍부한 감각 경험에 깊은 통찰력이 더해질 때 우리는 균형 잡힌 인간으로서 진정으로 성숙할 수 있다.[13] 우리의 일상은 평범함으로 가득하다. 자극적인 일보다는 루틴한 하루하루가 반복된다. 우리가 매일 도파민에 취해서 살아갈 수는 없지만, 좋아하는 취미활동을 만듦으로서 도파민을 셀프 컨트롤할 수 있다. 그렇게 내 삶을 단단하고 균형 잡히게 만들어 보자.

---

13   대니얼Z,리버먼,마이클E.롱,『도파민형 인간(천재인가 미치광이인가)』, 쌤앤파커스, 2019

5

사소한 의미 부여로
행복을 찾는다

"유리야, 김밥천국을 지날 때마다 네 생각이 나."

나는 종로에 있는 고등학교를 졸업했다. 광화문을 지나 경복궁 근처에 가면 학창 시절 나의 모든 것이 떠오른다. 지금도 서울에서 가장 의미 있는 장소를 떠올리면 제일 먼저 종로를 꼽는다. 고등학교 시절 서울 버스전용차로가 생기면서 노선이 대대적으로 변경됐고 종로까지 가는 160번 버스는 그 이후로도 내 등하굣길 이동 수단이 됐다. 청계천이 복원되면서 산책로가 생겼다. 교복을 입고 친구들이랑 마실 나가 걷던 인사동길은 지금도 여전하다. 광화문 교보문고는 학창 시절 내가 시간을 가장 많이 보냈던 장소다. 나중에 취업하면 꼭 종로 근처에 있는 회사를 다니겠다고 생각했다. 내가 좋아하는 장소로 매일 출근을 한다면 하루하루가 행복할 것 같았기 때문이다. 막연한 기대감이었다. 아이러니하게도 첫 회사는 방배동에 위치했고 그 회사를 10년 넘게 다녔다. 출, 퇴근길은 늘 강남 언저리로 향했다. 그래서 취업하고 나서는 약속 장소를 의식적으로 종로로 잡기도 했다. 그렇게 종로는 지금도 내 마음속에서 서울에서 가장 빛나는 장소다.

매월 25일과 말일은 우리 집 급여 파티데이다. 결혼 전에는 부모님, 동생과 함께 내 월급 날 월급파티를 했다. 결혼 후에는 남편과 내 월급날 이틀 동안 급여 파티가 진행된다. 둘이 의논해서 파티 메뉴를 정한다. 먹고 싶지만 다이어트 중이라 참고 있었던 메뉴가 결정될 때도 있고, 그냥 평소에 시켜 먹던 맛집의 메뉴가 선정되기도 한다. 그저 한 달 동안 열심히 회사에서 일한 서로를 응원하고 보상을 해주는 의미로 정해진 급여 파티 날은 별거 없지만 신이 나는 하루다.

전 회사에서는 급여 날에 점심시간이 두 시간이었다. 급여 받은 걸로 맛있는 걸 사 먹는 의미의 도시락데이였다. 21일에 급여 날이 되면 점심시간 전에 택시들이 쭉 회사 앞에 줄을 서 있었다. 조금 멀리 나가서 외식하고 돌아오는 팀도 많았고, 한강으로 나들이를 가는 팀도 있었다. 그렇게 복리후생제도 하나가 급여 날 전 직원의 마음을 살랑살랑하게 만들었다.

남편과 여행을 자주 다니는지라 한두 달에 한 번은 비행기를 탄다. 여행을 끝마치고 한국에 도착하는 날 우리 부부의 루틴은 매운 떡볶이를 배달시키는 것이다. 언젠가부터 시작된 이 루틴이 자연스럽게 자리를 잡았다. 역시 한국인은 매운맛을 사랑하는 걸까? 맛있게 현지 음식을 잘 먹고 즐겼지만, 돌아오는 날에는 칼칼한 떡볶이가 생각난다. 인천공항에서 버스를 타고 한참 달리다가 집에 도착할 즈음 배달을 시키면 짐을 풀고 씻고 떡볶이를 먹을 수 있는 시간이 된다. 그렇게 여행을 마치고 아쉬움이 남지만, 집에 가서 함께 먹을 떡볶이를 떠올리면서 둘만의 루틴을 진행할 생각에 하하호호 웃게 된다.

나는 가끔 사람들과 대화 주제가 떨어질 때면 죽기 전에 어떤 음식을 먹고 싶은지 물어볼 때가 있다. 가족들끼리 이야기를 하다가 나온 주제인데 다양한 대답이 나오는 게 재밌었다. 아빠는 만둣국, 엄마는 김치찌개, 동생은 피자를, 그리고 남편은 갈비찜을 골랐다.

이 질문과 대답으로 우리 가족들이 진짜 좋아하는 음식을 알게 됐다. 마지막으로 내가 고른 음식은 김밥이었다. 내 주변의 사람들은 김밥천국을 보면 한 번쯤 나를 떠올린다고 한다. 어떻게 죽기 직전에 먹고 싶은 음식이 김밥일 수 있냐며, 그 흔하디흔한 메뉴가 소울푸드냐고 핀잔을 하는 사람들도 있었다. 하지만 김밥 예찬론자인 내 주변에 있다 보면 어느새 내 주변 대부분의 사람은 자기도 모르게 김밥의 매력에 빠져든다. 먹다 보니 정말 맛있다고 김밥의 가치를 인정하게 된다. 재작년 뮤지컬을 준비할 때의 이야기다. 직장인이라 연습 및 수업 시간이 퇴근 후 저녁 7시였다. 대부분 퇴근을 하고 바로 출발을 해야 도착할 수 있는 시간이었다. 저녁을 대충 때우기 부지기수였지만, 나는 철저하게 저녁밥으로 김밥을 챙겨갔다. 연습실 앞에 있는 김밥천국에서 매주 꾸준하게 김밥을 사 갔다. 같이 공연을 준비하던 사람들은 자연스럽게 내가 김밥 귀신임을 알아챘다. 공연을 앞두고 주말에도 연습으로 강행군이었다. 나와 같이 연습을 한 우리 팀 사람들은 연습실에 올 때마다 항상 나를 위해 김밥을 챙겼다. 그리고 지금도 김밥을 보면 내가 떠오른다고 웃으며 이야기한다.

사람들이 어떤 매개체로 하여금 나를 떠올리는 것이 좋다. 나역시 어떤 매개체로 하여금 누군가를 떠올리고 혹은 추억을 떠올리며 의미 있는 순간들을 회상하는 것을 좋아한다. 우리는 일상을 살아가면서 항상 모든 순간에 주변 사람들과 연락하며 살아갈 수는 없다. 또 매 순간을 특별한 이벤트로 채울 수도 없다. 그저 각자의 인생을 살아간다. 하지만 그 일상에서 내가 사소하게 의미 부여를 하는 것들이 누군가를 떠올리게 할 수도 있고, 함께한 시간을 자연스럽게 생각할 수 있는 계기가 될 수 있다. 그리고 그것들로 하여금 우리의 하루가 조금은 더 다양해질 수 있다고 믿는다. 그래서 나는 많은 것들에 의미 부여를 한다.

　주변 사람들에게 질문을 한다. "너는 어떤 음식을 좋아해?", "어떤 운동을 할 때 즐거워?", "어떤 계절을 좋아할까?", "어떤 커피를 즐겨?", "너의 일상에는 어떤 너만의 사소한 것들이 자리 잡고 있을까? 그리고 그 사소한 것들이 어떤 의미로 너의 삶을 특별하게 만드는지 궁금해. 나에게 그걸 얘기해주면 잘 기억하고 있다가 일상의 어느 순간 너를 떠올리며 응원할 거야."

6

습관과 갓생은
필연적이다

'습관이란 인간으로 하여금 그 어떤 일도 할 수 있게 만들어 준다.' 러시아의 대문호 도스토예프스키가 남긴 명언이다. 습관이라는 단어를 들으면 왠지 모르게 마음을 불끈 다잡아야만 할 것같다. 뭔가 꼭 지켜야만 할 것 같다. 약간의 부담스러움을 동반하기도 한다. 성공한 사람들이 남긴 명언을 보면 습관이라는 단어가 꼭 들어간다. 그런 걸 보면 성공과 연결이 되어있는 단어인가 싶다. 하지만 사실 꼭 그렇게 거창한 것들만 포함하는 단어는 아니다.

프랑스 작가 앙리 프레데릭 아미엘은 '생활은 습관이 짜낸 천에 불과하다.'라고 표현하며 우리의 일상 그 자체가 습관으로 만들어진 결정체라고 말했다. 어떤 행위를 오랫동안 되풀이하는 과정에서 저절로 익혀진 행동 방식을 습관이라고 한다. 아침에 일어나서 씻고 양치를 하는 것, 그리고 회사에 늦지 않게 출근하는 일상의 사소함 역시 습관의 일부다.

A는 아침에 일어나서 별 생각 없이 출근을 한다. 회사에서 일을 한 후 집으로 퇴근을 한다. 퇴근 후에는 소파에서 티비를 보며 쉬다가 잠이 든다. 몇 개 안 되는 습관으로 일상이 만들어져 있다.

B는 아침에 일어나서 늘 듣는 기상송을 들으며 하루를 시작한다. 이 기상송은 하루를 시작할 때 뭐든 할 수 있을 것 같은 기분을 만들어 준다. B에게 응원을 해주는 느낌이라 좋아하는 노래다. 그렇게 회사에 출근을 하면서 좋아하는 아메리카노를 산다. 직장인들에게 커피는 허락된 마약이라고 했던가. 업무 전 마시는 아메리카노는 그의 업무 효율을 한껏 높여주는 부스터 역할을 한다. 점심을 먹고 오후 근무를 시작하기 전 사무실 탕비실에 가서 큰 창문을 통해 하늘을 한번 쳐다본다. 하루에 한 번 하늘을 쳐다보는 습관은 남은 하루도 잘 지내보자는 스스로의 다짐 같은 의미다. 그렇게 시작한 업무를 마치고 귀가한다. 집으로 오는 길에 일주일에 한번은 좋아하는 간식을 하나 산다. 일주일을 열심히 산 나에 대한 보상이다.

A와 B는 똑같은 일상을 살고 있다. 하지만 의식적으로 생활을

구성하고 있는 습관을 하나 둘 살펴보니, B가 A보다 뭔가 잘 살고 있는 것 같은 느낌이 든다. 내가 일상에서 하는 사소한 습관들을 인식하느냐 하지 않느냐에 따라 내 일상이 한없이 평범해지기도 하고 특별해지기도 한다. 우리의 일상은 이런 습관이 쌓이고 얽히 며 각자의 그것을 구성한다. 일상에서 당연히 해오는 것들이 습관 이라면 대체 그 습관이 어떤 의미를 담고 있길래 인간으로 하여금 뭐든 할 수 있게 만들어 주는 것일까?

내 일상에서 당연하게 흘러가 내 행동들을 습관처럼 인지하기 시작했다면 이제 일상을 더욱 특별하게 만들어 줄 진짜 습관을 추 가할 시간이다. 사실 앞에 말했던 예시는 우리가 살고 있는 매일 을 특별하게 만들 생각의 전환이다. 이번에는 정말 다른 뭔가를 더해보는 것이다. 좋아하는 딱 한 가지를 생각해 보자. 당신은 운 동을 좋아하는 사람일 수도 있고, 책을 읽는 것을 좋아하는 사람 일 수도 있다. 영화를 보는 것을 좋아할 수도 있고, 드라마를 좋아 할 수도 있다. 미술 작품을 좋아할 수도 있고, 전시회를 가고 싶을 수도 있다. 세상에는 수천만 가지의 '할 것'이 존재하지만, 내가 좋아하는 딱 한 가지만을 생각해 보자. 그럼 이제 그 한 가지를 내 일상에 살짝 끼워 넣는 것이다. 내가 하고 싶고 좋아하는 것을 내 일상으로 끌어들일 수 있게 만들어 준다.

나는 구성이 알차고 명대사가 많은 드라마를 보는 것을 좋아한다. 퇴근하고 집에 가는 짧은 시간 동안 혹은 퇴근 후에도 좋아하는 드라마를 보며 영상 속 명대사를 적는다. 운동을 좋아하기에 출근하기 전 수영장에 가서 좋아하는 수영을 하고 출근하는 습관을 하나 추가했다. 이렇게 내가 좋아해서 나를 행복하게 해주는 사소한 요소들을 내 일상에 습관으로 끼워 넣었을 뿐인데 사람들은 나에게 갓생을 살고 있다고 말한다. 그것 외에 남들과 다른 점이 없다. 평범한 일상을 사는 회사원이다.

사람들이 말하는 갓생이 과연 무엇인가를 곰곰이 생각해 봤다. 다른 사람들보다 많은 사람들을 만나면 갓생을 사는 걸까? 아니면 더 바쁘게 살면 그런 것일까? 갓생이라는 말을 많이 들었지만 정확히 정의 내릴 수 없는 모호함이 있었다. 오랜 생각의 끝에 내린 결론은 바로 하고 싶은 걸 다 하고 사는 것이었다. 그런 사람을 보고 갓생러라고 표현한다. 일상의 습관에 하고 싶어 하는 일들을 추가해서 하루를 채우는 사람 말이다. 이렇게 습관과 갓생은 떼려야 뗄 수 없는 연관성으로 단단하게 묶여 있다.

사실은 별것 아니었다. 대단한 뭔가를 해서 갓생을 사는 것도 아니었고, 우리가 잘못 살고 있어서 갓생을 동경하는 것도 아니었다. 일상을 바라보는 시선과 기준은 명확하지 않다. 그래서 그저 잘 살고 있는 사람이라고 표현하는 갓생이라는 단어를 마냥 닮고 싶었는지도 모른다. 굳이 갓생을 살지 않아도 일상은 습관대로 잘 흘러가고 있다. 이런 일상에 내가 하고 싶은 어떤것을 찾아서 습관으로 만들기만 하면 그까짓 갓생러 하루에 열두 번도 더 될 수 있을 것이다.

7

언젠가라고?
틀렸어, 지금이야

"I'll do it someday." (언젠가 꼭 그걸 할 거야.)

Monday, Tuesday, Wenesday, Thursday, Friday, Saturday, Sunday… (월, 화, 수, 목, 금, 토, 일)

See? There is no Someday. (봤어? 언젠가라는 요일은 없어.)

It's time to ride. (지금이 바로 탈 때야.)

1903년 설립된 미국의 대표적인 모터사이클 제조사인 할리데이비슨의 광고 카피 문구다. '언젠가'라는 말 앞에 막연하게 다짐만을 반복하는 사람들이 있다. 내게 주어진 것을 미루기만 하고 아무것도 하지 않는 주변 사람들에게 한 번쯤 보여주고 싶은 인사이트 있는 카피다.

실제로 나는 10년 전에 책쓰기 강의를 들은 후 꿈만 꿔왔다. 언젠가 내 이름으로 된 책을 출간하겠다고 말이다. 하지만 올해 3월 한 프로젝트에 참여해서 두 달 만에 초고를 완성하고 출판사와 계약까지 끝냈다. 막연히 언젠가 이룰 꿈이라고 생각만 하면서 10년의 세월을 보냈다. 하지만 지금 바로 해보자는 결심과 함께 행동을 실천했더니 좋은 결과물을 얻은 것이다.

인생에서 꿈을 꾸는 것은 중요하다. 뭔가를 이루고 싶다는 다짐은 삶을 더욱 활기차게 만든다. 꿈을 꾸는 사람은 그저 주어진 현실을 그대로 살아가는 사람보다 인생을 구체화한다. 우리가 꿈을 꾸는 이유는 결국 그 꿈을 이뤄내기 위함이다. 다짐과 기대에서 끝나는 것이 아니라 꿈을 이뤄내는 것이 최종 목적이 되는 것이다. 드라마 〈디어 마이 프렌즈〉에서 세계 일주를 꿈꾸는 주부 정아가 나온다. 남편 석균이 신혼여행에서 말했던 세계 일주를 언젠가 가게 될 거라고 믿으며 현실을 살아간다. 딸 셋을 낳고 손주까지 바라보는 나이가 되었지만 세계일주는 그저 꿈일 뿐이다. 그리고 드라마가 끝날 때까지도 정아는 그토록 꿈꾸던 세계여행을 결국은 가지 못했다. 우리는 지금 당장 하지 않아도 되는 이런 일들을 앞에 두고 '언젠가'라는 말을 덧붙인다. 꼭 하고 싶다는 희망과 바람을 담아서 말이다. 하지만 다른 관점에서는 결국 이루지 못할 꿈을 막연하게 표현하는 것이기도 하다.

인생은 우리에게 어떤 것도 미루지 말라고 알려준다. 그렇게 하고 나면 후회만을 남긴다고 수 번의 가르침을 줬다. 그럼에도 주어진 일을 미루며 습관적으로 '언젠가'라는 단어를 쓴다.

"거기 가보려고 했는데 너무 바빠서, 언젠가 가보려고."
"아, 그거 배워보려고 했는데 요즘 정신이 없어서, 언젠가 배워보려고."

그리고 그때마다 우리는 늘 핑계를 붙인다. 가장 대표적인 핑계는 시간이 없고 바쁘다는 거다. 나 역시 37년 동안 얼마나 많은 핑계로 해야 하는 일을 미뤄 왔을까? 내가 오랫동안 꿈꿨지만 꿈으로 지나가 버린 한 가지가 있다. 바로 해외에서 살아 보기다. 어떤 이유로든 외국에서 생활을 해보고 싶었다. 언젠가는 그게 가능할지도 모른다고 생각했다. 그리고 어떤 노력도 하지 않았다. 그저 꿈으로만 꿨던 상상이자 허상이다. 그렇게 수년의 시간이 지난 지금 대한민국에서 잘 살고 있다. 사실 해외에 나가서 생활할 기회가 얼마든지 있었다. 학부 시절 자매학교와 교환학생 제도도 있었고, 졸업 후 워킹 홀리데이도 있었다. 당장 급한 일은 아니라고 생각했다. 언젠가 갈 수 있을 거라고 꿈만 꿨다. 하지만 그렇게 수많은 기회를 흘려버렸다. 내가 정말 원했다면 어떤 이유든 적극적으로 그 때 노력해야 했다. 누군가가 나에게 살면서 가장 후회되는 한 가지를 꼽으라고 한다면 이 일화를 떠올릴 것 같다. 미국 유명한 기업가인 티모시 페리스는 '언젠가라는 말은 당신의 꿈을 무덤까지 가지고 가서 당신과 함께 묻어버리는 질병'이라고 표현했다. 해야 하는 일을 언젠가의 미래로 미루는 것에 대해 강하게 부정적인 의견을 표했다.

해야만 하는 일 앞에서는 더욱 '언젠가'라는 핑계를 갖다 붙여서는 안 된다. 우리는 일상에서 반드시 해야 하는 일이 있다. 지금 당장 하지 않으면 굶어 죽을 일이나 도덕적 혹은 관념적으로 해야만 하는 일들을 말한다. 이를테면 회사에서 월 마감과 보고 업무, 연 결산업무 등은 급여를 받기 위해 꼭 해야 하는 일이다. 양가 부모님께 시간이 될 때 안부인사를 하는 것도 내게는 꼭 해야 하는 일에 속한다. 가족들의 생일을 챙기는 것, 양가 작고하신 조부모님들의 기일을 기억하는 것, 지인들의 경조사에 참여하는 것도 반드시 할 일이다. 이렇게 내가 살면서 지금의 나로 살아가기 위해서는 필수적으로 해야 하는 일을 정리하는 것은 쉽다. 그리고 그 일을 제대로 수행하는 건 의무기도 하다. 해내야만 하는 것들이다. 미루고 자시고 할 시간이 없다. 당연히 지금 해야 하는 거다.

나이가 들면 들수록 해야 하는 일보다 그렇지 않은 일들이 늘어간다. 학생 때는 하고 싶은 일도 해야 하는 공부 앞에 잠시 접어둔다. 하지만 어른이 되는 순간, 우리는 완전히 자율성이 보장되는 상황에 놓이게 된다. 그래서 꼭 할 필요는 없는 일에 대한 나의 태도가 삶에서 중요 해진다. 인생의 버킷리스트를 이루는 것, 주변 친구들을 만나 소소한 일상을 공유하는 것, 회사에서 타 부서 직원들을 위한 회계 교육을 자발적으로 준비하는 것 등은 반드시 해야만 하는 일들은 아니다. 하지만 생각을 바꿔서 내가 하고 싶은 이유를 갖다 붙이면 그 일은 곧 해야만 하는 일로 바뀐다.

버킷리스트에 들어가 있는 일은 '내가 하고 싶은 일'이라는 이유가 붙으면 해야만 하는 일이 된다. 주변 친구들을 만나 소소한 일상을 공유하는 것도 '내 사람을 챙기는 일'로 이유를 만들어보면 그 일을 해야 한다. 다른 부서를 위해 준비하는 회계 교육은 '우리 팀과의 협업에 도움을 줄 수 있다.'는 결과에 대한 기대가 곧 해야 하는 이유가 된다. 그래서 이런 일들도 언젠가 해야 할 일이 아니라 지금 해야 하는 일이 된다.

지금 당장 급한 일이 아니라고 막연한 미래로 미뤄둔 일이 있는지 생각해 보자. 언젠가 할 거라는 말을 명확한 시점으로 바꿔 보는 연습을 하는 건 어떨까? 당장 한 달 뒤일 수도 있고, 1년 뒤가 될 수도 있다. 하지만 내가 그 일을 하게 될 시점을 확실하게 짚어 주면 내 일상의 방향이 그 목표를 향해 간다. 막연하게 꿈을 꾸기만 하는 것이 아니라 꿈을 이루기 위해서 정진할 수 있다. '언젠가'라고 막연히 상상만 하는 것이 아니라 정해진 그때 그 꿈을 이루게 될 것이다.

8

행복하기위해
내 맘대로 사는 법

행복은 일상을 대하는 나의 태도와 세상을 바라보는 시선, 그리
고 나에 대한 신념으로 결정되는 것

–내 인생의 좌우명

누군가가 나에게 인생에서 가장 중요한 가치를 뭐라고 생각하
냐고 묻는다면 나는 주저 없이 '행복'이라고 대답할 것이다. 스스
로 삶이 행복하다고 느끼는 것은 마음 벅찬 일이고 삶의 원동력
이 된다. 팀원이 "어떻게 살면 팀장님처럼 매사가 즐거울 수 있어
요?"라고 묻는다. 나는 어떤 이유로 스스로가 행복하다고 하게 됐
는지 한참을 생각해 봤다.

첫 번째는 내가 좋아하는 것들이 무엇인지 스스로 찾아보는 것이다. 이건 처음에는 어려운 것 같지만, 조금만 연습을 해보면 누구나 쉽게 할 수 있다. 우리의 일상에 놓여있는 다양한 범주 중에서 내가 좋아하는 것들을 생각해 보면 된다. 나는 색깔 중에서는 빨간색을 좋아한다. 그래서 색과 관련되어 빨간색 아이템이 보이면 내 색깔이라는 생각을 하고 보게 된다. 빨간 니트를 봐도 그렇고, 새빨간 하트 모양의 핸드폰 홀더를 봐도 내 아이템 같다. 과일 중에서는 딸기와 귤을 좋아한다. 추위를 많이 타서 겨울이라면 질색한다. 하지만 매일 귤을 까먹을 수 있고, 하우스에서 딸기가 나오기 시작하기에 겨울이 되면 행복한 준비를 한다. 커피는 아메리카노를 좋아하는데 몇 년 전부터 따뜻한 아메리카노를 먹게 됐다. 아침 출근길에 사는 따뜻한 아메리카노는 사무실에서의 내 시작을 행복하게 도와준다.

이렇게 좋아하는 걸 찾는 건 열심히 연습하면 쉽게 익힐 수 있는데, 두 번째는 생각보다 실천하기 어렵다. 바로 내가 싫어하는 것을 잘 다루는 것이다. 앞서 말했듯 스트레스에 취약한 나는 지금도 조그만 일이라도 신경을 쓰게 되면 몸이 아프다. 몸이 아프다 보면 정신적으로도 힘들어지는 게 당연하다. 그래서 나는 애초에 신경 쓸 일을 만들지 않는 것을 택했다. 스트레스가 될 것 같은 주변 사람들은 진작에 손절해 버렸다. 싫어하는 사람을 곁에 두지 않고 불합리한 상황을 견디기만 하지 않는다. 이해되지 않는 상황을 납득 한 척 받아들이지 않는다.

행복한 삶을 살기 위해서는 좋아하는 것들을 취하는 것도 중요하지만, 현명하게 싫어하는 것들을 해결하는 것도 중요하다. 하지만 여전히 미숙하다. 손에 쥐면 그것을 어떻게 해야 할지 고민하고 스트레스를 받는다. 그래서 싹을 잘라버리는 것을 택했고, 그 방법은 나에게 아주 잘 맞는 방법이다. 혹자는 이런 내가 너무 이기적이라고 생각할 수도 있다. 맞다. 이기적이다. 그렇지만 글의 제목이 〈행복하기 위해 내 맘대로 사는 법〉인 것처럼 나는 정말 내 맘대로 살고 있어서 행복하다. 싫어하는 것을 성숙하게 잘 다루는 사람이 있을 거다. 나처럼 싫어하는 것을 다루는 게 미숙한 사람도 있겠지. 맞고 틀리고의 문제가 아니다. 각자에게 맞는 방법을 찾는 것이고, 그 방법을 찾음으로써 행복할 수 있다면 잘했다고 칭찬하고 싶다.

마지막 세 번째는 긍정적인 생각을 습관적으로 하는 것이다. 우리 일상에서는 행동을 습관화하는 것은 일반적이다. 그리고 사람의 생각 또한 습관이다. 어떤 상황에 놓였을 때 긍정적인 생각을 먼저 하는 사람은 대부분의 상황에서도 긍정적인 이야기를 먼저한다. 반대로 부정적인 생각을 먼저 하는 사람은 매사가 그런 식이다.

시엄마랑 남편이랑 셋이 냐짱 여행을 갔을 때였다. 평소 여행 중에 비가 잘 오지 않는 편이라는 자만심과 동남아 스콜은 금방 그치지 마련이라고 생각해서 우산을 챙기지 않았다. 하지만 역시 자만은 화를 부른다. 카페에서 커피를 마시며 쉬는 중에 쏟아진 폭우가 꽤 길게 이어졌다. 금방 그칠 거로 생각하며 여유 있던 남편의 얼굴은 어두워져 갔다. 나 역시 이걸 어떻게 해야 할지 오만가지 생각이 들었다. 커피를 다 마시고 시간이 어느 정도 경과되어 결정을 내려야 할 때가 됐다. 옆 가게에서 우비를 사서 이동을 하기로 결정했다. 낡은 구멍가게로 들어가서 우비가 있냐고 물었더니 세상 촌스러운 빨간색과 초록색 우비를 3개를 꺼내 준다. 천 원 남짓한 돈을 지불하고 셋이 우비를 챙겨 입고 냅다 폭우 속으로 걸어 들어갔다. 초록색 우비를 입은 남편이 선두에서 걸어갔고, 시엄마와 내가 차례로 그 뒤를 따라 걸었다.

"엄마, 저희 무슨 대장님 따라가는 스카우트 대원들 같아요."

빗속에서 내가 던진 한마디에 시엄마는 까르르 웃음을 터뜨리셨다. 동남아에 놀러 와서 스콜을 한 번도 못 보고 돌아갈 뻔했는데, 베트남이 엄마한테 스콜이 이런 거라고 한번 보여주고 싶었나 보다고 너스레를 떨면서 말했다. 시엄마는 "맞다 맞다." 하시며 웃으셨다. 예기치 못하게 쏟아진 소나기와 갑작스러운 일정 변경에도 긍정적이지 않을 이유가 없었다. 5분 정도 걸어서 예약해 둔

발 마사지 숍에 도착했다. 마사지를 받고 나오자 거짓말처럼 하늘은 개어 있었다. 그날 맛있는 음식도 많이 먹었고 마사지도 좋았지만, 제일 기억에 남는 건 우비를 입고 걸었던 냐짱 거리와 빗속에서 활짝 웃던 세 식구의 웃음이다. 그리고 그때의 추억이 퍽 재밌으셨는지 시엄마는 우비를 입고 찍은 셀카를 한동안 카카오톡 프로필 사진으로 설정해 놓으셨다.

행복한 사람의 생각과 행동을 하다 보면 진짜 행복한 사람이 되는 것이다. 자신이 불행하다고 믿는 사람은 불행해지고, 자신이 행복하다고 믿는 사람은 행복해진다.[14] 습관처럼 긍정적인 생각을 하다 보면 행복해진다. 그렇게 내가 행복하다는 사실을 스스로 믿고 또 인지해야 한다. 이렇게 내가 일상을 대하는 태도를 변화시키고 세상을 긍정적으로 바라보면 그로 인해 나에 대한 신념을 단단하게 만들어갈 수 있다. 그리고 그 신념에서 행복은 시작될 것이다. 내 맘대로 한 번 살아보자. 행복하기 위해서.

---

14   강민호, 『어나더레벨(두 갈래 길)』, 인생책, 2024

~~~~~~

당신은 행복한가요?

이 책을 읽음으로써 일상을 특별하게 할 여러 가지가 머릿속에 잔뜩 떠오르겠지요. 평소 내 하루가 떠오르기도 할 것 같고요. 무엇보다 마인드셋이 가장 중요하다는 것을 깨닫게 되지 않았을까 싶습니다.

매일 겪는 일상은 책을 읽는 바로 오늘도 진행되고 있겠죠. 그동안 나를 힘들게 했던 일상의 어려움을 차분히 정리해 봤습니다. 그리고 직장생활에서도 더 행복할 방법들을 이야기해 봤고요. 인간관계에 대해서도 현명하게 대처할 수 있는 조언도 살펴봤죠. 그리고 마지막으로 반복되는 하루 속에서 잘 살아갈 수 있는 루틴들을 찾아봤습니다.

잘 살 준비는 끝났습니다. 사실 이 책의 마지막 페이지를 덮은 분들은 깨달으셨겠죠.

"네. 이미 당신은 충분히 잘 살고 있습니다."
이 이야기를 하고 싶었어요.

"너는 잘 살고 있어. 잘하고 있어."
살면서 가장 듣고 싶은 말이고, 필요한 말이 아닐까요? 하지만 우리는 이 말을 스스로에게 쓰는 잣대가 참 가혹합니다.

이 책을 쓰면서 '나같이 평범한 사람의 이야기가 많은 사람들에게 도움이 될 수 있을까?'라는 생각을 제일 먼저 했던 것 같습니다. 누군가가 저에게 말해주더라고요. 눈앞에 평범하게 지나가는 행복을 꽉 움켜쥐고 놓치지 않는 그것이 특별함 그 자체라고 말이죠. 그래서 저는 이 책을 읽은 독자 중에서 단 한 분이라도 그 평범한 일상에서 저처럼 행복을 찾을 수 있길 간절히 바랍니다. 그럼 제가 책을 쓴 이유가 충분하다고 생각해요.

책을 출간하면서 감사한 분들이 참 많습니다. 언제나 사랑으로 응원해 주시는 엄마 아빠와 시엄마, 내가 무슨 일을 하든 항상 잘

할 수 있다고 응원해 주고 멋진 사람이라고 해주는 덕기, 누나 내심의 긍정에너지가 사람들을 좋은 방향으로 이끌 거라는 말을 해준 용의, 모두 다 사랑합니다. 책 속에 이니셜로 등장한 소중한 사람들과 마음속으로 응원하는 제 주변의 모든 사람들에게 늘 고마움과 감사함을 담아 전합니다.

마지막으로 이 책이 출간될 수 있도록 도와주신 더로드 조현수 대표님과 편집자님께 감사를 표합니다.

"당신이 생각하는 김유리는 어떤 사람인가요?"

자신의 모든 부분을 사랑하고 도전을 두려워하지 않는 당당한 사람 - 희정

확고한 개성과 확실한 신념을 갖고 타인과 나누고 어울리는 것에 주저함이 없는 뜨겁고 따뜻한 나의 인생 나침반 - 민주

10살 아이만큼 꿈이 많은 유리 - 영주

모든 순간 진심을 다하는 사람 - 혜진

똑 부러지는 사람 - 결

항상 바쁘게 열정적으로 행복하게 사는 사람 - 혜림

항상 에너지가 넘치는 사람 - 은진

주변을 잘 챙기고 정이 많고 의리있고 꼼꼼한 파워J 사랑스러운 그녀 -명화

인간 알잘딱깔센 - 지혜

김밥같은 사람 속이 꽉 차있어요 - 지현

김유리는 행복한 사람 - 수양

강단있는 에너지왕 그리고 러블리 그 자체 - 주현

의리있고 정이 많고 정의로운 사람 - 영하

ENTJ의 교과서 - 유리

열정girl - 희원

현재를 살고 즐기는 멋진 사람 - 은혜

똑 부러지는 듬직한 언니 - 지영

매일매일 행복한 삶을 사는 사람, 다시 태어나면 김유리로 태어나고 싶다. -지은

내면은 한없이 부드럽고 다정하지만 외면은 단단하고 굳건한 사람. -예원

맑눈광 근육토끼 김율은 씩씩하고 밝은 에너지를 내뿜도 다닌다네 -서희

일도 똑부러지게 잘하지만 인생도 질좋고 알차게 하루하루도 꼭꼭 채워쓰는 효율성 좋은 사람 - 성현

스스로 알아서 잘 살아가는 인간 다육이 - 용의

누군가는 지나칠 소소한 일상도 알찬 인생으로 재미있게 만드는 걸 좋아하는 최강합리주의 모험가 - 경남

잘 살고 싶지만
갓생은 어려운 너에게

초판인쇄	2024년 8월 5일
초판발행	2024년 8월 12일

지은이	김유리
발행인	조현수 조용재
펴낸곳	도서출판 더로드
기획	조용재
마케팅	최문섭
편집	이승득
디자인	호기심고양이

본사	경기도 파주시 광인사길 68. 201-4호
물류센터	경기도 파주시 산남동 693-1
전화	031-942-5364, 5366
팩스	031-942-5368
이메일	provence70@naver.com
등록번호	제2015-000135호
등록	2015년 06월 18일

정가 17,000원
ISBN 979-11-6338-463-2 03190